SIMONE SAUTER

Heile dein gebrochenes Herz

Schritt für Schritt
vom Herzschmerz zum Lebensglück

Bibliografische Information der Deutschen Nationalbibliothek:
Die Deutsche Nationalbibliothek verzeichnet diese Publikation in der Deutschen Nationalbibliografie. Detaillierte bibliografische Daten sind im Internet über http://dnb.d-nb.de abrufbar.

Für Fragen und Anregungen:
info@mvg-verlag.de

Originalausgabe, 1. Auflage 2017

© 2017 by mvg Verlag, ein Imprint der Münchner Verlagsgruppe GmbH
Nymphenburger Straße 86
D-80636 München
Tel.: 089 651285-0
Fax: 089 652096

Alle Ratschläge in diesem Buch wurden mit großer Sorgfalt zusammengestellt und geprüft. Dennoch kann keine Garantie dafür übernommen werden, dass die Informationen auf Ihre persönliche Situation zutreffen.
Zudem können die Ausführungen in diesem Buch nicht den Besuch bei einem Arzt oder Psychologen ersetzten. Wenn Sie merken, dass Sie an die Grenzen der Selbsthilfe stoßen, suchen Sie sich bitte professionelle Unterstützung.

Redaktion: Caroline Kazianka
Umschlaggestaltung: Verena Frensch
Umschlagabbildung: MaxyM/Shutterstock, Aggie 11/Shutterstock, Early Spring/Shutterstock, BeRad/Shutterstock
Abbildungen im Innenteil: S. 10: Shutterstock/Tofiq Quliyev, S. 18: Shutterstock/Tanyastock, S. 21: Shutterstock/goodzone, S. 30: Shutterstock/Valentina_Gurina, S. 36: Shutterstock/Webicon, S. 47: Shutterstock/Webicon, S. 73: Shutterstock/Bocos Benedict
Satz: Satzwerk Huber, Germering
Druck: GGP Media GmbH, Pößneck
Printed in Germany

ISBN Print 978-3-86882-777-4

—— *Weitere Informationen zum Verlag finden Sie unter:* ——

www.mvg-verlag.de

Beachten Sie auch unsere weiteren Verlage unter www.m-vg.de.

Inhalt

Ich widme dieses Buch zwei Frauen,
die mich und mein Leben maßgeblich beeinflusst haben:

Einer Freundin, mit der ich mich zutiefst verbunden fühle,
meiner fortwährenden Inspiration und einer der stärksten Frauen,
die ich kenne. Der Frau, die mir den Mut gegeben hat, das Leben zu
leben, das ich habe, und mir dabei immer zur Seite steht:

Conni

Meiner Soul Sister, die mir gezeigt hat, wie ich in meine
feminine Kraft finde und dadurch andere Frauen auf einer viel
tieferen Ebene unterstützen und sie dazu inspirieren kann, ein
selbstbestimmtes und glückliches Leben zu führen:

Kaja

Liebeskummer ist der Schmerz, den wir spüren,
wenn wir feststellen, wie sehr wir die Verbindung zu
uns selbst verloren haben, weil wir uns zu stark auf die
Verbindung mit einem anderen Menschen
ausgerichtet haben.

Vorwort

Wenn du dieses Buch in den Händen hältst, geht es dir vermutlich gerade nicht gut. Vielleicht hat dein Partner dich betrogen oder er hat dich verlassen. Vielleicht bist du aber auch unglücklich verliebt oder schon seit einiger Zeit nicht mehr zufrieden in deiner Beziehung und fragst dich, ob du sie beenden sollst.

Mein Name ist Simone Sauter, ich bin Love & Life Coach und werde dir dabei helfen, deinen Liebeskummer zu bewältigen. Du hältst keinen herkömmlichen Ratgeber in den Händen, sondern einen, den ich aus vollstem Herzen und mit viel Mitgefühl geschrieben habe. Ich habe ganz bewusst ein Ausfüllbuch verfasst, mit vielen Übungen, die dich dabei unterstützen werden, deine Situation aus einer anderen Perspektive zu betrachten und so den Weg zur Heilung deines Herzens zu finden.

Doch dieses Buch wird dir nicht nur zeigen, wie du deinen Liebeskummer verarbeiten, sondern auch, wie du dich selbst (wieder)finden und ein neues Lebenskonzept entwerfen kannst, das dich glücklich macht und dich dazu befähigt, ein selbstbestimmtes Leben zu führen. Mir ist es wichtig, dass du erkennst, dass du eine wundervolle und liebenswerte Frau bist, und dass es in deinem Leben um **dich** geht. Deshalb möchte ich dir erklären, wie du deinen Schmerz in kraftvolle Energie verwandeln und so als Motor für persönliches Wachstum nutzen kannst – meine Online-Praxis heißt passend dazu *From Pain to Power*.

Aber warum kann ich dir diesen Weg zeigen? Weil ich ihn selbst gegangen bin. Mein Ex-Partner hat mich nach über zehn Jahren Beziehung von heute auf morgen verlassen und binnen vier Wochen durch eine andere Frau ersetzt. Es folgten zwei Jahre intensiven Liebeskummers: Ich hatte Selbstmordgedanken, war bei einem Therapeuten und einem Coach. Ich weiß also genau, wie du dich fühlst. Ich kenne diesen Schmerz, die Angst, die Wut und das Gefühl von Hilflosigkeit und Ohnmacht, die das Ende oder das drohende Ende einer Beziehung in einem auslösen können.

Bevor ich angefangen habe, als Love & Life Coach zu arbeiten, habe ich jedoch auch unzählige Bücher zum Thema Psychologie und Persönlichkeitsentwicklung regelrecht in mir aufgesogen und viele Seminare, Workshops und Weiterbildungen absolviert.

Die meisten meiner Klientinnen, mit denen ich in den vergangenen Jahren diesen Weg beschritten habe, wurden nach vielen Jahren Beziehung von ihrem Partner verlassen. Fast jedes Coaching beginnt mit Tränen, aber es endet immer mit einem Lachen.

Ich habe diesen Beruf gewählt, weil es mein tiefster Wunsch ist, Frauen dabei zu helfen, ihren Schmerz nicht länger in sich zu tragen als nötig, und vor allem, um ihnen zu zeigen, wie sie wieder glücklich sein können. Und genau das möchte ich auch auf den folgenden Seiten. Folge dafür deiner Weiblichkeit und gehe aus dem Kopf in dein Herz. Ja, du wirst weinen, und es wird wehtun, du wirst manchmal ratlos sein, aber du wirst heilen, das verspreche ich dir. Wir schaffen das gemeinsam!

Deine Simone

1.

Bevor wir anfangen

Wie solltest du das Buch verwenden?

Dies ist kein herkömmlicher Ratgeber, sondern ein Guide. Das bedeutet, ich werde dir nicht nur jede Menge nützliche Informationen geben, sondern dich an die Hand nehmen und dir Schritt für Schritt erklären, was du tun kannst, damit es dir möglichst bald wieder besser geht.

Vor allem möchte ich dir Denkanstöße geben, um über dich und dein Leben nachzudenken und folgende Fragen zu klären:

> Wie kann ich meine ursprüngliche Lebensvorstellung und meinen Ex-Partner loslassen?

> Wer bin ich?

> Was möchte ich in meinem Leben?

> Welcher Partner soll mich in meinem Leben begleiten?

Einige der Übungen in diesem Buch werden dir einfach erscheinen, manchmal vielleicht zu einfach. Aber alle erfüllen ihren Sinn. Erwarte nicht, dass sich dein Leben innerhalb einer Woche verändern wird, das wäre unrealistisch. Das Verarbeiten einer Beziehung und das Finden eines neuen Lebenskonzeptes ist ein Prozess, den du mit einer Gewichtsreduktion vergleichen kannst. Du wirst nicht abnehmen, wenn du dich in einer Woche nur von Salat ernährst und dann sofort wieder auf Pizza umsteigst. Du musst dranbleiben.

Damit dieser Veränderungsprozess gelingen kann, ist es vor allem wichtig, dass du dein Leben *tatsächlich* verändern *willst*. Das Gute daran ist, dass das nur an dir liegt und von keinem anderen Menschen abhängt. Du allein übernimmst die Verantwortung dafür, was sich in deinem Leben verändern soll.

Ich habe dieses Buch in vier Bereiche unterteilt:

> Zunächst gebe ich dir einige Informationen zum Thema Liebeskummer, damit du besser verstehen kannst, warum du so leidest.

> Im zweiten Teil befassen wir uns dann mit deiner Trennung und damit, wie du sie am besten verarbeiten und deine ursprüngliche Lebensvorstellung mit deinem Ex-Partner loslassen kannst.

> Im dritten Teil geht es um dich, darum, die Liebe zu dir selbst und dein Selbstbewusstsein aufzubauen.

> Und im letzten Teil sprechen wir über dein neues Leben. Wir werden dein persönliches Lebenskonzept entwerfen, Ziele für deine glückliche Zukunft setzen und herausfinden, welcher Partner eigentlich zu dir passt.

Ich habe das Buch so konzipiert, dass du in deinem eigenen Tempo an dir arbeiten kannst. Es geht nicht darum, alle Übungen so schnell wie möglich zu absolvieren, sondern jede einzelne mit ganzem Herzen und vor allem vollkommen ehrlich dir selbst gegenüber zu machen.

Am besten nimmst du das Buch jeden Tag für etwa 30 Minuten bis zu zwei Stunden in die Hand, um ganz *bewusst* an deinem Liebeskummer und dir selbst zu arbeiten. Dann legst du es für diesen Tag (oder auch mehrere Tage) beiseite.

Auf diese Weise gibst du deinem Liebeskummer einen **zeitlichen Rahmen** und integrierst Trauerphasen in deinen Tag. Achte darauf, dass du nach diesem bewussten Ritual etwas tust, das dir gut tut und dich auf andere Gedanken bringt. Das ist wichtig, damit du dich nicht darin verlierst und in eine Depression rutschst. Verabrede dich mit Freunden, rufe jemanden an oder gehe einkaufen. Das kostet dich am Anfang vielleicht etwas Überwindung, schützt dich aber davor, dich in deinen Schmerz hineinzusteigern. So kannst du deinem Gehirn antrainieren, für eine gewisse Zeitspanne alle Emotionen zuzulassen und auch zu verarbeiten. Das wird die Situationen, in denen du von deinen Emotionen unangenehm überrascht wirst (zum Beispiel im Büro oder beim Einkaufen) minimieren.

Wen meine ich mit Ex-Partner?

Wenn ich im Folgenden von Ex-Partner oder Ex spreche, dann meine ich damit zum einen deinen Ex-Freund oder deinen Ex-Mann bzw. deine Ex-Freundin oder deine Ex-Frau. Es ist aber auch die Person gemeint, in die du möglicherweise unglücklich verliebt bist, oder der Mann bzw. die Frau, mit dem/der du in einer unglücklichen Beziehung lebst. Die Vereinfachung dient der besseren Lesbarkeit, sodass du dich auf das Wesentliche konzentrieren kannst.

Die vier Phasen des Liebeskummers

Liebeskummer zu verarbeiten ist ein Prozess, der in vier Phasen abläuft. Diese Phasen sind nicht strikt voneinander trennbar, sie gehen ineinander über und du wirst manchmal vielleicht auch einen Schritt zurückgehen. Das ist vollkommen normal.

Wichtig ist, dass du verstehst, dass jede dieser Phasen für deinen Heilungsprozess von Bedeutung ist und einen Sinn erfüllt. Auch wenn dein Herz im Moment am liebsten gleich in die vierte Phase springen möchte, die ersten drei bleiben ihm nicht erspart, und das ist gut so.

Phase 1 – Nicht wahrhaben wollen

Du stehst unter Schock und denkst andauernd: »Ich kann es nicht fassen.« Diese erste Phase ist gekennzeichnet von der Überzeugung und stillen Hoffnung, dass es sich »nur« um eine Krise handelt und dein Ex-Partner es sich sicher bald anders überlegen und wieder zurückkommen wird. Denn nur so schaffst du es, im Alltag weiter zu funktionieren. Daneben sind Verzweiflung, Angst und Zweifel deine ständigen Begleiter.

Phase 2 – Aufbrechende Gefühle

In dieser Phase nimmst du langsam wahr, dass die Trennung real ist. Gefühle wie Angst, Panik, Hilflosigkeit, Orientierungslosigkeit, Selbstvorwürfe, Schuldgefühle, Selbstzweifel und Trauer, aber auch Wut auf deinen Ex und auf dich selbst und vielleicht sogar das Bedürfnis nach Rache machen sich breit. Die zweite Phase ist die schlimmste. Du befindest dich auf einer Achterbahnfahrt der Gefühle und pendelst zwischen konträren Gedanken wie »Für wen hält er sich eigentlich? Das lasse ich nicht mit mir machen!« und »Ich liebe ihn, warum kann nicht einfach alles sein wie früher bzw. wie ich es mir wünschen würde?«.

Phase 3 – Neuorientierung

In dieser Phase hast du den größten Teil der negativen Emotionen hinter dir gelassen, die Wut auf deinen Ex-Partner ebbt ab und du kannst allmählich erkennen, dass die Trennung nicht so sinnlos war, wie sie dir zunächst erschien. Zuversicht, Selbstwertgefühl, Hoffnung und Freude auf das Neue machen sich in deinem Leben wieder bemerkbar.

Phase 4 – Neues Lebenskonzept

In der letzten Phase hast du die Trennung überwunden. Du spürst wieder Kraft, dein Leben in die Hände zu nehmen und Zukunftspläne für dich zu schmieden.

Wie lange dauert es, Liebeskummer zu verarbeiten?

Wie viel Zeit der Verarbeitungsprozess beansprucht, hängt von deiner individuellen Situation und deiner Persönlichkeit ab. In der Regel wirst du zwischen sechs und zwölf Monate brauchen, bis du die ersten beiden Phasen überwunden hast. Bis zur Entwicklung eines neuen Lebenskonzepts können zwei bis vier Jahre vergehen. Bei den einen geht es schneller, bei den anderen langsamer.[*]

---

[*] Ich persönlich habe zweieinhalb Jahre gebraucht, bis ich ein neues Lebenskonzept entwickelt hatte.

Die Ursachen von Liebeskummer

Warum schmerzt es eigentlich so, wenn wir Liebeskummer haben? Und warum scheint es einfach nicht aufzuhören? Diese Fragen hast du dir mit Sicherheit nicht nur einmal gestellt.

Die Trauer um den Verlust des Partners

Wenn wir eine Trennung von einem geliebten Menschen erleben, spüren wir die gleichen Emotionen wie bei einem Todesfall, denn der geliebte Mensch ist nicht mehr Teil unseres Lebens. Die Trauerphasen sind ähnlich, vom Schockzustand bis hin zur Neuorientierung. Trauer hat nichts mit Selbstmitleid zu tun. Die Trauerarbeit ist ein Prozess, in dem du den Verlust eines geliebten Menschen verarbeitest, dich aber nicht in einer Opferrolle befindest, sondern die Situation erfassen und verändern kannst.

Mangelnde Selbstliebe und geringes Selbstbewusstsein

Vor allem bei Frauen ist ein Mangel an Selbstliebe und ein geringes Selbstbewusstsein eine der häufigsten Ursachen für die Intensität von Liebeskummer. Besonders in langjährigen Beziehungen neigen wir dazu, uns emotional vom Partner abhängig zu machen. Das heißt, wir übernehmen wenig Verantwortung für unser eigenes Glück und legen diese in die Hände unseres Partners.

Wenn der Partner dann nicht mehr da ist, erfahren wir einen enormen Verlust an Selbstwertgefühl, weil wir dieses auf die Basis unserer Partnerschaft gebaut haben. Die gefühlte Wertlosigkeit lässt Emotionen in uns hochkommen, die nicht nur der Trennung geschuldet sind, sondern auch emotionalen Wunden unserer Vergangenheit und negativen Glaubenssätzen. Typische Aussagen meiner Klientinnen lauten dann: »Aber ich kann ohne ihn nicht leben«, »Ohne ihn kann ich nicht glücklich sein« oder »Ohne ihn hat mein Leben keinen Sinn mehr«. Um Liebeskummer zu überwinden, müssen wir aus der Opferrolle heraus und Verantwortung für unser Leben übernehmen.

Negative Glaubenssätze und Gedanken

Glaubenssätze sind nichts anderes als Sätze, die wir glauben. Wir haben sie in unserer frühen Kindheit erlernt und in unserem Unterbewusstsein als (unsere) Wahrheit gespeichert. Verantwortlich dafür sind Autoritätspersonen wie zum Beispiel unsere Eltern, Erzieher oder Lehrer. Der fundamentale Glaubenssatz, auf den unser Leiden zurückzuführen ist, lautet: *Ich bin nicht genug*.

Um Liebeskummer zu überwinden, einem erneuten so einschneidenden Schmerz vorzubeugen und ein glückliches und selbstbestimmtes Leben zu erlangen, müssen wir diese Glaubenssätze herausfinden, sie eliminieren und durch neue, positive Glaubenssätze ersetzen. Mehr dazu erfährst du im Laufe des Buches.

Angst vor Veränderung

Menschen lieben Routinen, weil sie das Leben vereinfachen. Veränderung hingegen bedeutet, etwas Neues tun zu müssen und Unsicherheit zu erleben, weil wir mit diesem Umstand noch nicht konfrontiert wurden (in dem Fall ein Leben ohne den Ex-Partner). Und diese Unsicherheit ist die Grundlage für Angst. Angst vor dem Neuen, Angst vor Überforderung, vor dem Alleinsein, Angst davor, nie wieder einen Partner zu finden, nie wieder glücklich zu werden, und in einigen Fällen auch Existenzangst, um nur einige zu nennen. Oftmals sind es auch diese Ängste, die uns zu der Überzeugung bringen, dass wir unseren Ex-Partner um jeden Preis zurück möchten – selbst wenn wir wissen, dass eine Trennung auf lange Sicht besser für uns ist!

Der Unterschied zwischen Verlassenem und Verlassendem

Der Unterschied zwischen demjenigen, der verlassen wurde, und demjenigen, der verlassen hat, ist enorm. Im Vergleich zu dem, der verlassen wurde, hatte der Verlassende bereits Zeit, sich mit dem Gedanken auseinanderzusetzen, ohne seinen Partner weiterzuleben. In den meisten Fällen hat er bereits Pläne, wie sein Leben weitergeht und was die nächsten Schritte sind. Der Verlassene hingegen fällt in ein tiefes Loch und steht am Ende eines alten und am Anfang eines neuen Lebens. Sich zu sortieren, die Trennung zu verarbeiten und sich neu zu orientieren braucht Zeit. Das ist im Übrigen auch der Grund, warum wir oftmals das Gefühl haben, dass es unserem Ex-Partner nach der Trennung viel besser geht als uns selbst. Es geht ihm aber nicht wirklich besser, er ist dir nur einen Schritt voraus. Das heißt aber keinesfalls, dass dein Ex-Partner nicht gelitten hat oder vielleicht sogar noch leidet, denn auch die Entscheidung, eine Partnerschaft zu beenden, ist nicht einfach und bringt ebenfalls Probleme mit sich (wie zum Beispiel Schuldgefühle gegenüber dem Ex-Partner).

Drei Routinen, die deinen Heilungsprozess beschleunigen

Bevor wir mit den eigentlichen Übungen beginnen, möchte ich dir ans Herz legen, dir die folgenden drei Routinen anzueignen und sie in deinen Tagesablauf zu integrieren, während du dich dem Buch widmest (und immer wenn du eine Herausforderung in deinem Leben meistern musst).

1. Weinen

Was dir im ersten Moment vielleicht klar erscheint, ist keinesfalls selbstverständlich. Denn ich erlebe oft in meiner täglichen Arbeit, dass Klienten versuchen, ihre Tränen zu unterdrücken, weil sie meinen, stark sein zu müssen, und Weinen für ein Zeichen von Schwäche halten. Sehr häufig ist das der Fall, wenn Kinder vorhanden sind, da eine Mutter für und vor ihren Kindern stark sein möchte.

Liebeskummer ist eine enorme Stresssituation für deinen Geist, aber auch für deinen Körper. Schlaflosigkeit und körperliche Beschwerden wie Sodbrennen, Magen-Darm-Störungen, Kopf-, Rücken- oder Bauchschmerzen sind keine Seltenheit. Auch wenn es die Beschwerden nicht vollständig beseitigen wird, kann es durchaus zu einer Linderung führen, Tränen zuzulassen.

Das liegt zum einen daran, dass du beim Weinen Stresshormone abbaust (die auf Dauer gesundheitsschädigend sind), indem sie mit den Tränen aus deinem Körper transportiert werden. Und zum anderen produzierst du Endorphine, ein vom Körper selbst produziertes Morphin, das schmerzlindernd wirkt.

Weinen hat also nichts mit Schwäche zu tun! Lass deinen Tränen freien Lauf, das ist wichtig für deine Gesundheit.

Ziel der Übung:

Angestauten Emotionen den Raum geben, sich zu zeigen.

Aufgabe:

Schreibe auf, was dir besonders wehgetan hat. Dass dein Ex-Partner dich verlassen hat? Dass er dich hintergangen oder durch jemand anderen ersetzt hat? Dass er deine Liebe nicht mehr erwidert? Dass er dich nicht so behandelt hat, wie du es verdienst? Nimm dir 15 bis 30 Minuten Zeit für diese Gedanken, schreib sie auf und lass deine Tränen dabei laufen.

Achtung: Nach spätestens 30 Minuten stehst du auf und machst bewusst etwas anderes. Geh an die frische Luft, ruf jemanden an, geh einkaufen. Tu etwas, bei dem du anderen Menschen begegnest und das dich zwingt, mit dem Weinen aufzuhören.

Warum? Es ist wichtig, dass du dich nicht zu sehr hineinsteigerst, da du sonst in eine negative Gedankenspirale kommst, aus der du nur mühevoll wieder herausfindest. Mach dir bewusst, dass das Weinen eine Reinigungsübung ist, ein Heilungsprozess und nicht dazu da, um dich selbst zu bemitleiden.

Was hat mir besonders wehgetan?

2. Morgenseiten oder Tagebuch schreiben

Meine Coachings werden nicht umsonst von Schreibübungen begleitet, denn Schreiben heilt. Gerade im Fall von Liebeskummer tragen wir viele Gedanken, Ängste und Sorgen mit uns herum, und wenn du diese nicht loswirst, fressen sie dich oftmals innerlich auf. Auch wenn du zu einem Therapeuten, Psychologen oder Coach gehst (was ich dir nur ans Herz legen kann), rate ich dir zu schreiben, und zwar täglich – am besten morgens, direkt nach dem Aufstehen.

Warum am Morgen? Weil dein Unterbewusstsein und dein Geist dann ganz offen und nicht von deinen Erfahrungen im Alltag beeinflusst und getrübt sind. Viele deiner Gefühle haben ihren Ursprung nicht nur in der Trennung, sondern in Erfahrungen aus der Vergangenheit, mit denen du dieses Erlebnis (deinen Liebeskummer) verbindest und die wieder hochkommen. Das größte Problem daran ist: Diese Erinnerungen sitzen in deinem Unterbewusstsein und du weißt es oft nicht einmal.

Unser Gehirn hat eine zentrale Aufgabe: Es ist auf unsere Sicherheit bedacht. Was heißt das? Wenn du in der Vergangenheit Erfahrungen gemacht hast, mit denen du emotional nicht umgehen konntest, hast du das verdrängt, denn das war »sicherer« für dich, als täglich daran zu denken. Leider sind die damit verbundenen Emotionen aber dadurch nicht verschwunden, sondern nur vergraben worden und spielen in deiner jetzigen Situation eine wesentliche Rolle, da die alten Wunden wieder aufgerissen werden und den verdrängten Schmerz wieder an die Oberfläche spülen.

Es ist so wichtig an dein Unterbewusstsein heranzukommen, weil es zu 95 Prozent dein Denken, deine Emotionen, deine Handlungen und somit letztlich dein Leben beeinflusst. Du kannst dir also vorstellen, wie sehr du von deinem Unterbewusstsein gelenkt wirst, ohne es überhaupt zu merken.

Was also tun? Mach es dir zur Gewohnheit – in der Regel dauert es 21 Tage, bis es eine wird –, jeden Morgen Tagebuch zu schreiben. Du wirst überrascht sein, welche Gedanken, Emotionen und Erfahrungen in dir schlummern. Und wenn du sie entdeckt hast, dann kannst du sie hinterfragen und durch neue Erfahrungen ersetzen (aber dazu später mehr).

Du weißt nicht, worüber du schreiben sollst? Dann geht es dir wie den meisten, auch mir am Anfang. Mein Rat: Schreibe darüber, dass du nicht weißt, was du schreiben sollst. Einmal angefangen, kommst du von ganz allein in den Fluss.

Wenn du es morgens nicht schaffst, weil dir vielleicht die Ruhe fehlt, du Kinder für die Schule fertig machen musst oder warum auch immer, dann wähle einen anderen, für dich passenden Zeitpunkt. Wichtig ist nur, dass du deine Gedanken und Gefühle ausdrückst. Sie zu Papier zu bringen hat eine heilende Wirkung.

Bitte umblättern

Ziel der Übung:

Deine Gedanken sollen sich entfalten können, sie dürfen da sein, anstatt unterdrückt zu werden. Deine Seele und dein Geist brauchen diese Form der Verarbeitung, um zu heilen.

Aufgabe:

Schreibe dir alles von der Seele, was dich bewegt. Jeden Tag und am besten morgens!

Vier einfache Regeln:

> Schreibe mit der Hand, nicht mit dem Computer, das wirkt sich positiv aus.

> Schreibe drei DIN-A4-Seiten. Das klingt vielleicht viel, und das ist es auch, aber nur am Anfang. Du wirst dich mit Sicherheit daran gewöhnen.

> Schreibe alles auf, was dir in den Sinn kommt. Halte dich nicht zurück. Achte *nicht* auf Grammatik oder Rechtschreibung, lass es einfach fließen.

> Lies deine Aufzeichnungen mindestens zwei Monate lang nicht durch, um dein Bewusstsein für die folgenden Tage nicht zu beeinflussen.

Nimm dir *jetzt* die Zeit und schreibe dir von der Seele, was dich belastet.

Schreibe dir alles von der Seele, was dich bewegt

3. Emotional Freedom Technique (EFT)

Die Emotional Freedom Technique, auch Klopftechnik genannt, stammt aus dem Bereich der energetischen Psychologie und basiert auf einer chinesischen Heilmethode. Grundlage ist die Annahme, dass unsere Lebensenergie durch sogenannte Meridiane (Energieleitungsbahnen) in unserem Körper fließt. Wenn diese Energiebahnen blockiert sind, stauen sich negative Gefühle auf. Durch die Klopftechnik werden diese Bahnen aktiviert, die Blockaden aufgehoben und die negativen Gefühle verschwinden. Es handelt sich um das gleiche Prinzip wie bei einer Akkupunktur, nur dass du die Meridiane anstatt mit einer Nadel mit dem Klopfen bearbeitest.

Die »Klopfpunkte«

1. Karatepunkt/Handkante
2. zwischen den Augenbrauen
3. neben dem Auge
4. unter dem Auge
5. unter der Nase
6. am Kinn
7. auf dem Brustbein
8. unter dem Arm
9. auf dem Kopf

Wichtig:

Ich kann mir vorstellen, dass du jetzt ungläubig schaust und dich vielleicht fragst, ob du das richtige Buch in der Hand hältst. Ja, das tust du! Wenn du diese Technik zum ersten Mal anwendest, wirst du dich vielleicht seltsam fühlen und den Sinn anzweifeln. Doch es macht Sinn und wie immer ist es wichtig, dranzubleiben und es am besten täglich zu machen. Je öfter, desto besser.

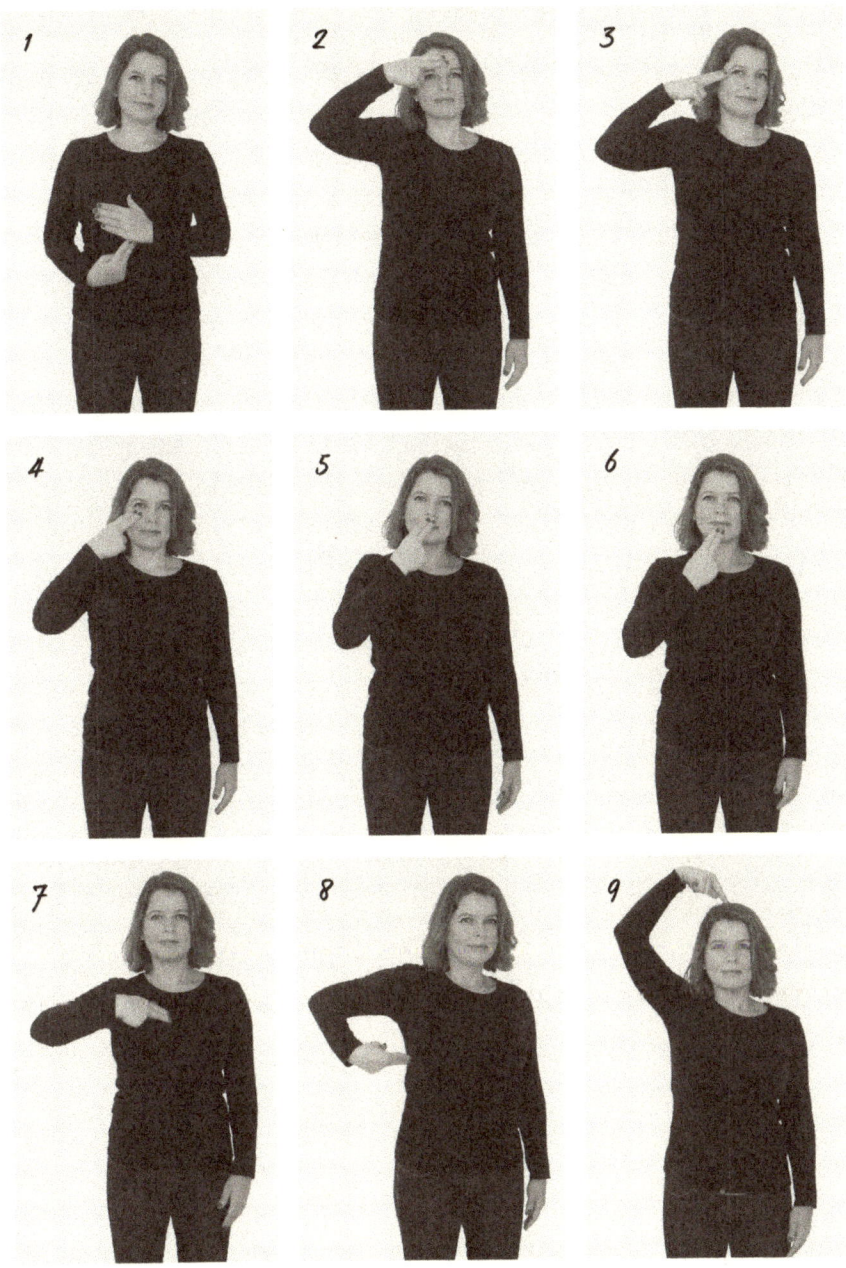

Wie funktioniert EFT?*

> Spüre das negative Gefühl, das hochkommt, und bewerte es auf einer Skala von 1 bis 10 (wobei 10 am intensivsten ist).

> Klopfe fünf bis sieben Mal auf jeden der Meridianpunkte und sage dir währenddessen: »Obwohl ich [*negatives Gefühl*], liebe und akzeptiere ich mich so, wie ich bin.« (Ein Bespiel: »Obwohl ich meinen Ex einfach nicht loslassen kann, liebe und akzeptiere ich mich so, wie ich bin.«)

> Führe das dreimal aus.

> Fühle dann wieder in dich hinein und bewerte das negative Gefühl erneut auf einer Skala von 1 bis 10. Wenn du die Übung regelmäßig machst, wirst du eine deutliche Veränderung bemerken.

Ziel der Übung:

Du sollst deinem Unterbewusstsein regelmäßig mitteilen, dass du dich unabhängig davon, was du fühlst, liebst und akzeptierst, wie du bist. Denn zur Erinnerung: Der Glaubenssatz, der dein Leid begründet, besagt, dass du nicht genug bist. Folglich kannst du dich nicht lieben und akzeptieren. Du kannst es deinem Unterbewusstsein allerdings beibringen.

---

* Diese Methode ersetzt keinen Psychologen, Therapeuten oder Coach, sie dient ausschließlich als Ergänzung zu anderen Schritten, die du unternimmst, damit du dein Herz heilen kannst.

Wann solltest du EFT anwenden?

Immer wenn du von Angst, negativen Gedanken, falschen Glaubenssätzen, Nervosität und Stress geplagt wirst.

Was kann passieren, wenn du EFT anwendest?

Jeder Mensch reagiert anders auf EFT, und das ist ganz normal. Es kann sein, dass du müde wirst oder Kopfschmerzen bekommst. Manche fühlen sich sofort glücklicher, andere merken erst einmal nichts und sind dann skeptisch, ob diese Methode überhaupt wirkt.

Wie bereits gesagt ist es wichtig, dass du EFT regelmäßig anwendest und so deine negative Energie bereinigst und nicht nur – wie in vielen anderen Ratgebern vorgeschlagen – durch positive Gedanken ersetzt. Jeder Versuch, alles mit positiven Gedanken zu überspielen, ist wenig effektiv, wenn du die negativen Gefühle, die du in dir trägst nicht auflöst.

Meine Bitte ist daher: Auch wenn du meinst, dass diese Methode nichts für dich ist, probiere sie aus. Du wirst sehen, dass du Veränderungen spüren wirst!

Abschließend

Nachdem du nun dabei bist, deine Situation etwas besser zu begreifen und deinen Schmerz zu verarbeiten, möchte ich dir noch Folgendes mit auf den Weg geben: Vergiss niemals, dass du eine wundervolle und liebenswerte Frau bist. Du hast es verdient, einen Partner an deiner Seite zu haben, der dich genau so liebt und akzeptiert, wie du bist – mit all deinen Stärken und Schwächen, deinen liebenswürdigen Eigenheiten und Macken. Du hast es verdient, dein Leben mit einem Menschen zu verbringen, der Kompromisse eingehen kann und in eure Partnerschaft so viel investiert wie du. Kurzum:
Du bist genug!

2.

Liebeskummer verarbeiten

Dieses Kapitel soll dir dabei helfen, deine Trennung aus einer anderen Perspektive zu sehen und einen klaren Blick auf deine Situation zu bekommen. Wir gehen hier konkret auf deinen Ex-Partner und eure Beziehung ein.

Alle Übungen basieren auf drei Ebenen: auf deinem Umfeld, deinem Inneren und auf der körperlichen Ebene. Alle drei Ebenen hängen zusammen und sind gleich wichtig. Daher solltest du auch *alle* Übungen machen. Wenn du für eine etwas länger brauchst, dann nimm dir die Zeit und gehe erst zur nächsten über, wenn du so weit bist.

Liebeskummer kann tödlich enden: das Broken-Heart-Syndrom

Liebeskummer ist eine enorme Belastung für Körper und Geist und führt zu einem erhöhten Stresslevel. Unter dem Broken-Heart-Syndrom (auch Stress-Kardiomyopathie genannt) versteht man die Verkrampfung des Herzmuskels aufgrund einer hohen Ausschüttung von Stresshormonen. Die Anzeichen sind ähnlich wie bei einem Herzinfarkt: Schmerzen in der Brust und Atemnot. Bisher wurden hauptsächlich ältere Frauen nach der Menopause damit diagnostiziert.

Aber keine Angst, dieses Syndrom tritt äußerst selten auf. Experten gehen davon aus, dass nur etwa 2 Prozent aller Herzinfarktpatienten unter diesem Syndrom leiden und die wenigsten Fälle tödlich enden. Solltest du diese Anzeichen spüren, dann gilt: Notarzt rufen!

Ein Wort zum Thema »Ex zurückgewinnen«

Aus meiner Coachingpraxis (und auch aus eigener Erfahrung) weiß ich, dass fast alle Frauen, die verlassen wurden, zunächst einmal um ihren Ex-Partner kämpfen und ihn zurückgewinnen wollen. Das ist eine vollkommen normale Reaktion. Aber gerade deshalb möchte ich dich dazu anregen, dir über folgende Frage Gedanken zu machen: Warum möchtest du deinen Ex zurück? Natürlich hast du noch Gefühle für ihn, aber versuche, tiefer zu spüren. Welches tief sitzende Gefühl, welche Angst steckt wirklich dahinter? Glaubst du, keinen passenden Partner mehr zu finden? War dein Ex (in deinen Augen) einfach perfekt?

Ich sage ja nicht, dass es keinen Weg zurück gibt zu deinem Ex, aber jede Trennung hat einen Grund. Keine Beziehung wird einfach so beendet. Daher möchte ich dich nun zu einem Experiment einladen: Lies dieses Buch und mache alle Übungen. Wenn du am Ende immer noch davon überzeugt bist, dass er der Richtige für dich ist, dann kannst du dir überlegen, ob du um ihn kämpfen möchtest oder nicht. Bis dahin rate ich dir allerdings, keinen Schritt in diese Richtung zu unternehmen.

Mir ist bewusst, dass das nicht einfach ist, aber eines kannst du mir glauben: Wenn du dieses Buch durchgearbeitet hast, wirst du einen anderen Blick auf deine Situation und auch auf dich haben und das kann deinen Wunsch womöglich verändern. Muss nicht, aber kann.

Warum möchte ich meinen Ex zurück?

Woher kommen die negativen Emotionen?

Wenn du an Liebeskummer leidest, dann laufen in deinem Gehirn Prozesse ab, die für die negativen Gefühle verantwortlich sind. Die Amygdala, das »Angstzentrum« deines Gehirns, hat eine maßgebliche Aufgabe: Sie dient deinem Schutz und ist die Grundlage für deinen Überlebensinstinkt. Sobald eine lebensbedrohliche Situation eintritt, nimmt sie ihre Arbeit auf, und das äußert sich in einer körperlichen Reaktion, die dich warnen soll, dich in Sicherheit zu bringen. Ihr Ziel ist es, diese Gefahr (in deinem Fall die Trennung) zu eliminieren.

Was hat das jetzt mit deinem Liebeskummer zu tun?

Deine Trennung oder das Nichterwidern deiner Liebe wird von deinem Gehirn als Gefahr wahrgenommen. Vor allem, wenn die Trennung nach vielen gemeinsamen Jahren und vielleicht sogar gemeinsamen Kindern ausgesprochen wird. In dem Moment gerät dein ganzes Leben ins Wanken und diese Veränderung wird als Gefahr gesehen. Daher hast du vielleicht eine körperliche Reaktion wie eine »Schockstarre«, Zittern oder Atemnot bemerkt, als du mit dieser neuen Situation konfrontiert wurdest.

Die Folge daraus ist die Erkenntnis, dass sich dein Leben gerade massiv verändert. Wir Menschen sind aber nicht für Veränderungen geschaffen, wir sind Gewohnheitstiere, denn Gewohnheiten erleichtern unseren Alltag. Veränderung erzeugt Unsicherheit und dadurch entsteht Angst. Das ist übrigens auch der Grund dafür, dass wir unseren Ex und unser altes Leben zunächst um jeden Preis, auch auf Kosten unseres Stolzes, zurückwollen. All das ist ein normaler Reflex, um die entstandene Gefahr aus dem Weg zu räumen und »zu überleben«. Vielleicht ist dir auch der Satz »Ich kann ohne ihn nicht leben« durch den Kopf gegangen – jetzt weißt du, warum.

Eine Trennung zwingt uns oftmals dazu, unser Leben neu anzupassen, und manchmal sogar vollends neu zu organisieren. Daher wird Liebeskummer in der Psychologie auch als Anpassungsstörung bezeichnet.

Hinzu kommt – und das zeigen die Studien der Anthropologin Helen Fisher sehr eindrücklich –, dass Liebeskummer die gleichen Entzugserscheinungen hervorruft wie ein Drogenentzug. Grund dafür ist unter anderem der rapide Abfall des Dopaminspiegels (ein Neurotransmitter, der dir sicher als »Glückshormon« bekannt ist). Daher ist auch die Kontaktsperre (dazu später mehr) so wichtig, denn wenn du dich permanent mit deinem Ex und deiner Liebe zu ihm konfrontierst, steigt jedes Mal dein Dopaminspiegel an, und jede weitere Zurückweisung hat immer und immer wieder den gleichen schmerzhaften Effekt. Möchtest du deinen Liebeskummer möglichst schnell hinter dir lassen, dann kann ich dir nur raten, den Kontakt abzubrechen. Wenn du dich dazu jetzt noch nicht bereit fühlst, keine Sorge, wir kommen später noch einmal darauf zu sprechen und dann wird es dir gelingen.

Wechsle deine Perspektive

In Lebenssituationen wie diesen fällt es uns meist schwer, die Situation objektiv zu beurteilen und Entscheidungen zu treffen, einfach weil wir selbst Teil des Geschehens sind. Mit den folgenden sieben Übungen wirst du deinen Blickwinkel verändern und zu neuen Erkenntnissen gelangen, die es dir erleichtern, deinen Liebeskummer zu verarbeiten.

Die Kontaktsperre und ihre Bedeutung

Ich kann mir vorstellen, wie dir gerade zumute ist, wenn du die Überschrift zu dieser Übung liest. Den Kontakt zu deinem Ex abzubrechen, ist der schwerste Schritt in diesem Buch, danach wird es einfacher, versprochen!

Aber weil ich weiß, was das für eine Überwindung für dich ist und dass vielleicht nicht nur deine Gedanken, sondern auch dein Körper rebelliert, hier ein paar Denkanstöße, die es dir erleichtern werden:

> Der Kontaktabbruch muss nicht für immer sein. Du kannst dich dann wieder bei ihm melden, wenn **du** dazu bereit bist.

> Wenn du deinen Ex nicht mehr siehst, wird dein Herz zügiger heilen und du wirst schneller wieder glücklich sein.

> Wenn du dich zurückziehst, zeigst du deinem Ex-Partner Grenzen auf, und das ist in jedem Fall wichtig.

Oft höre ich dann: Was ist, wenn er mich vergisst? Glaub mir, dein Ex wird dich nicht einfach so vergessen. Auch er denkt an dich, denn du warst Teil seines Lebens. Und sollte er tatsächlich zu denjenigen gehören, die seine Ex-Partnerin sofort vergessen können, hat er dich sowieso nicht verdient. Oder möchtest du wieder mit jemandem zusammen sein, für den du nichts Besonderes warst?

Ziel der Übung

> Gewöhne dich daran, dass dein Ex nicht mehr Teil deines Lebens ist.

> Lerne, ohne deinen Ex zu leben.

> Du musst alte Verhaltensmuster durchbrechen und neue Gewohnheiten bilden.

Aufgabe:

Brich den Kontakt zu deinem Ex ab (für mindestens 30 Tage!).

1. Triff die bewusste Entscheidung, den Kontakt abzubrechen.

2. Denk daran: Kontakt mit deinem Ex zu haben, ist eine Gewohnheit. Und Gewohnheiten können wir verändern. Es dauert in der Regel 21 Tage, um sich etwas Neues anzugewöhnen. Daher empfehle ich dir mindestens 30, aber besser noch 90 Tage Kontaktsperre.

3. Wenn ihr noch befreundet seid, dann setze ihn davon in Kenntnis und bitte ihn, dich nicht zu kontaktieren. *Ausnahme*: Wenn ihr gemeinsame Kinder habt, dann sollte er nur dann den Kontakt suchen, wenn es tatsächlich um die Kinder geht. Gleiches gilt natürlich für dich. Achte darauf, dass du dir keine Ausreden überlegst!

4. Konkret:

> Lösche seine Telefonnummer (*Ausnahme*: bei gemeinsamen Kindern).

> Lösche ihn bei Facebook

> Lösche alle anderen digitalen Verbindungen zu Ihm (Skype, Xing, LinkedIn, Instagram, Twitter, alles!)

> Meide Orte, an denen er sich aufhalten könnte, und auch Unternehmungen mit dem gemeinsamen Freundeskreis (informiere deine Freunde und denk daran, dass es nicht für immer ist!).

Ruhe im Außen finden

Du kannst dein Herz nur dann befreien und mit der Arbeit an deinem Inneren beginnen, wenn du eine einladende und erinnerungsfreie Umgebung dafür schaffst. Nur so finden dein Körper und dein Geist Ruhe.

Ziel der Übung:

Du sollst deinen Heilungsprozess bewusst beginnen und dabei nicht ständig an deinen Ex-Partner erinnert werden.

Aufgabe I: Ausmisten

Alles, was dich an deinen Ex erinnert, muss aus deinem täglichen Sichtfeld verschwinden. Bilder, Kleidung, seine Lieblingstasse, seine DVD-Sammlung – alles, was von ihm ist und dich an ihn erinnert. Auch die Bilder auf deinem Smartphone! Mach eine Kopie und ziehe sie auf einen USB-Stick. Wirf weg, was du nicht mehr brauchst, und den Rest verstaust du in einem Karton, den du in den Keller oder an einen von dir wenig frequentierten Ort stellst.

Aufgabe II: Umdekorieren

Wenn du alle Erinnerungsstücke weggeräumt hast, dann mach aus deiner Wohnung eine Oase, einen ganz persönlichen Rückzugsort, der nur dir gehört und an dem du dich wohl und geborgen fühlst.

Nimm dir so viel Zeit dazu, wie du brauchst! Eine Stunde oder zwei, drei Tage – ganz egal, wichtig ist nur, dass du es tust. Und wenn du dabei weinen musst, dann lass die Tränen zu und trauere, denn das ist ein wichtiger Teil des Verarbeitungsprozesses.

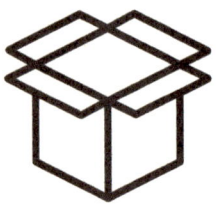

Rituale schaffen

Wenn wir verlassen werden, entsteht das Gefühl des Kontrollverlusts, da wir von der Entscheidung einer anderen Person abhängig sind. Daher ist es wichtig, dass du dir Rituale aneignest, die deinen Tagesablauf strukturieren und das Gefühl verstärken, wieder Kontrolle über dein Leben zu haben.

Ziel der Übung:

Gewinne die Kontrolle über dein Leben zurück.

Aufgabe:

Überlege dir ein Morgenritual, sodass du deinen Tag strukturiert und somit mit einem Gefühl der Sicherheit beginnen kannst. Stehe jeden Tag um die gleiche Zeit auf, mach dir einen Kaffee, lies die Zeitung, ein Buch, meditiere, mach Yogaübungen, geh spazieren oder schreibe in dein Tagebuch.

Um deinem restlichen Tag Struktur zu verleihen, kannst du dir noch mehr Rituale ausdenken, die dir guttun. Es muss nichts Großartiges sein, es sollte dir einfach Freude machen und nur für dich sein.

Bitte umblättern

Schreibe auf, wie deine Rituale aussehen sollen

Meine Rituale am Morgen:

_____

_____

_____

_____

Meine Rituale am Tag:

_____

_____

_____

_____

Mein Ritual vor dem Schlafengehen:

_ _

_ _

_ _

_ _

Meine Rituale für das Wochenende:

_ _

_ _

_ _

_ _

Mein Ritual, wenn negative Gefühle aufkommen:

_ _

_ _

_ _

_ _

Wie war er so, dein Ex?

Wir neigen von Natur aus dazu, unseren Ex und unsere Beziehung zu idealisieren – als hätte es nie etwas Störendes gegeben. Das ist normal. Besser ist es aber, sich Gedanken darüber zu machen, warum unser Ex-Partner nicht gut für uns war.

Ziel der Übung:

Denk an die Macken deines Ex, überlege, was dich gestört hat und was du ändern würdest, wenn du dir einen perfekten Partner »bestellen« könntest. So wandelt sich deine romantische Illusion in ein reales Bild, das dir zeigen soll, warum du ihn nicht mehr zurück möchtest.

Achtung:

Diese Übung ist ausdrücklich **nicht** dazu da, deinen Ex herabzuwürdigen, sondern lediglich dazu, dir ein realistisches Bild zu verschaffen und verklärende Erinnerungen beiseitezuschieben.

Denk daran: Es ist nicht unbedingt dein Ex, den du vermisst, sondern nur die schönen Erlebnisse, die ihr miteinander hattet, seine positiven Eigenschaften bzw. deine Vorstellung von diesem Menschen.

Aufgabe:

Schreibe eine Liste mit allem (Situationen, Charaktereigenschaften, Verhaltensweisen, Macken usw.), was dich gestört hat, was du gerne verändert hättest und was dich verletzt hat und warum. Sei dabei ganz ehrlich zu dir selbst!

Den perfekten Partner gibt es nicht, kein Mensch ist perfekt. Es geht hier auch nicht darum, die Macken des anderen aufzuzählen, sondern das Verhalten, mit dem er dich verletzt hat, zur Kenntnis zu nehmen und zu verstehen, dass nicht alles so wundervoll war, wie es in deiner Erinnerung ist.

Wie war er so, dein Ex?

Was ist das Schlimmste, das passieren kann?

Wie bereits erläutert, werden Angst- und Panikattacken durch Unsicherheit hervorgerufen. Diese Übung ist eine der wichtigsten im ganzen Buch, daher solltest du dir genug Zeit dafür nehmen. Sie wird dir innere Ruhe geben, da du dich mit der schlimmstmöglichen Situation auseinandersetzen musst, nämlich der, dass die Trennung tatsächlich final ist und dein Ex nicht zurückkommt. Wie wird dein Leben dann weitergehen?

Ziel der Übung:

Minimieren der Unsicherheiten, Panikattacken und Zukunftsängste.

Aufgabe:

Auf den folgenden zwei Seiten hast du Platz, um jeweils eine Frage zu beantworten:

Wie sieht mein Leben **mit** meinem Ex aus?

Wie sieht mein Leben **ohne** meinen Ex aus?

Nimm dir Zeit, genau darüber nachzudenken, und schreibe möglichst detailliert auf, was dir einfällt. Versuche auch zu definieren, welche Vorteile es hat, ihn nicht mehr in deinem Leben zu haben.

Wichtig: Führe die Notizen immer bei dir (z. B. in der Handtasche), sodass du bei aufkommenden Angstgefühlen schnell nachlesen kannst, wie dein Leben ohne ihn aussieht.

Das verändert sofort deine Perspektive. Du übernimmst wieder Kontrolle über deine Gedanken und Emotionen. Somit versinkst du nicht in Unsicherheit und Panik. **Du hast einen Plan!**

Wie sieht mein Leben mit meinem Ex aus?

Wie sieht mein Leben ohne meinen Ex aus?

Was hast du daraus gelernt?

Es kann sein, dass du zwischen der letzten Übung und dieser noch etwas Zeit brauchst, und das ist auch vollkommen in Ordnung. Wenn dem so ist, dann leg das Buch einfach ein paar Tage zur Seite und mach weiter, wenn du so weit bist.

Wenn du die bisherigen Übungen durchgeführt hast, hat sich sicherlich deine Perspektive verändert und du hast neue Erkenntnisse gewonnen. Jetzt geht es darum, zu definieren, was du aus dieser Beziehung, der Trennung und von deinem Ex gelernt hast – und dankbar dafür zu sein!
Im Englischen gibt es ein schönes Sprichwort: *Gratitude is the best attitude*. Zu Deutsch: Dankbarkeit ist die beste Einstellung. Nur wenn wir dankbar sind, können wir das Schöne im Leben sehen. Wenn du dich hingegen ausschließlich auf das Negative fokussierst, wirst du nie das Positive wahrnehmen.
Damit meine ich natürlich nicht, dass du zum Beispiel dankbar dafür sein sollst, dass dein Ex-Partner dich betrogen hat. Aber du könntest dankbar dafür sein, dass du …

> es herausgefunden hast und somit keine Zeit mehr mit dem falschen Partner verschwendest.

> deine wahre Stärke erkannt hast, weil du die Trennung trotz des Schmerzes überstehst.

> durch dieses Erlebnis eine alte emotionale Wunde aus deiner Vergangenheit entdeckt hast (mehr dazu im nächsten Kapitel) und an ihr arbeiten konntest.

Ziel der Übung:
Erkenne, was du von deinem Ex und der Trennung gelernt hast, und versuche, das Gute im Schlechten zu sehen.

Aufgabe I:

Erstelle eine Liste mit den Dingen, die du von deinem Ex-Partner, der Beziehung und der Trennung gelernt hast, und schreibe auf, warum genau du dankbar dafür bist.

Was hast du daraus gelernt?

Wir sind die Schöpfer unserer Gedanken. Und wenn du in einer negativen Gedankenspirale bleibst, dann wird sich nichts verändern. Natürlich ist es nicht einfach, in den Momenten, in denen es uns schlecht geht, das zu sehen, wofür wir dankbar sein sollten. Aber Dankbarkeit hilft dir, aus deiner Situation herauszukommen und inneren Frieden zu finden.

Aufgabe II:

Nimm dir eine Schale oder einen anderen Behälter und dekoriere ihn so, dass du gerne darauf schaust. Stelle ihn mit einem kleinen Block und einem Stift an einen Ort in deiner Wohnung, an dem du täglich vorbeigehst. Jedes Mal, wenn du vorbeigehst, musst du eine Sache auf dem Zettel notieren, für die du dankbar bist. So veränderst du deinen Fokus, und das wird sich positiv auf dein Leben auswirken.

Der Brief an deinen Ex

Vielleicht wunderst du dich, dass wir noch nicht über das Thema Verzeihen und Loslassen gesprochen haben. Das hat einen guten Grund: Bevor du aus tiefstem Herzen verzeihen und loslassen kannst, müssen wir noch ein paar weitere Schritte gehen und in deine Gefühls- und Gedankenwelt eintauchen. An dieser Stelle ist es daher deine Aufgabe, deinem Ex-Partner einen Abschiedsbrief zu schreiben, den du am Ende (in sicherer Umgebung!) verbrennst. Wie du bereits weißt: Schreiben heilt und reinigt deine Seele, denn wenn du Dinge niederschreibst, belasten sie dich nicht mehr.

Ziel der Übung:

Du solltest über deinen Ex nachdenken und alles aufschreiben, sodass diese Punkte deinen Geist und deine Seele nicht mehr belasten. Du kannst deinem Ex alles mitteilen, was du ihm schon immer sagen wolltest. Auf diese Weise wird es dir gelingen, das Kapitel mit deinem Ex zu schließen und letztlich ihm und dir selbst zu verzeihen.

Aufgabe:

Schreibe einen Abschiedsbrief und nimm folgende Punkte in den Brief auf:

> Was hast du an ihm geschätzt und was hast du von ihm gelernt?
> Was hat dich verletzt?
> Vergib ihm für alles, was er dir angetan hat.
> Danke ihm für die gemeinsame Zeit und wünsche ihm alles Gute.

Wichtig:

Schreibe den Brief per Hand und schicke ihn **nicht** ab. Verbrenne ihn stattdessen als abschließendes Ritual. Nimm dir Zeit dafür und konzentriere dich auf diesen Moment. Wenn der Brief zu Asche wird, wirst du dich befreit und entlastet fühlen. Versuche loszulassen und verabschiede dich im Guten von deinem Ex. Und denk immer daran: *Du tust es für dich, nicht für ihn!*

Brief an deinen Ex

3.

Selbstliebe lernen und Selbstbewusstsein aufbauen

Selbstliebe ist der Schlüssel zu deinem persönlichen Glück. Wenn du lernst, dich selbst zu lieben, wird jede Herausforderung in deinem Leben einfacher zu meistern sein, denn du weißt, wer du bist, was du kannst und dass du stark genug bist, alles zu schaffen, was das Leben bringt.

Selbstliebe hat aber nichts mit Egoismus oder Narzissmus zu tun, ganz im Gegenteil. Nur wer sich selbst liebt, ist auch in der Lage, geliebt zu werden und andere Menschen von Herzen zu lieben.

Warum ein Kapitel zum Thema Selbstliebe?

Wenn du in diesem Kapitel angekommen bist, hast du deine Sicht auf die Trennung verändert und kannst vielleicht sogar schon den Sinn darin erkennen. Viele Ratgeber zum Thema Liebeskummer empfehlen, sich abzulenken, Freunde zu treffen, mehr zu arbeiten oder ein neues Hobby zu suchen. Obwohl ich diese Ratschläge auch wichtig finde, greifen sie meiner Meinung nach nicht weit genug, denn mit dieser Taktik verdrängen wir letztlich nur die Gefühle, die bereits da sind.

Was du im Folgenden lernen wirst, wird nicht nur dein Beziehungsleben verändern, sondern sich auf alle Lebensbereiche auswirken. Wenn du anfängst, dich selbst zu lieben, wird sich dein ganzes Leben positiv verändern. Dieser Teil des Buches befasst sich daher ausschließlich mit dir, mit deinem Inneren und deiner Transformation. Und du wirst auf Umstände aufmerksam werden, die dir vorher wahrscheinlich noch nicht bewusst waren.

Selbstbild vs. Fremdbild

Wir beginnen mit der Wahrnehmung deines Selbst- und Fremdbildes. Gerade nach einer Trennung leidet unser Selbstbild enorm, wir können oftmals unsere positiven Eigenschaften nicht mehr sehen und drehen uns ständig um Gedanken wie »Ich bin nicht gut genug« und »Mich will sowieso keiner«. Wir fühlen uns minderwertig und tun uns schwer zu erkennen, dass wir liebenswert sind.

Ziel der Übung:

Erkenne zunächst wie und was du über dich selbst denkst. Und erkenne dann, wie die Menschen, die dich lieben, dich wahrnehmen. Das hilft dir, dein Selbstbild wieder zurechtzurücken. Entdecke deine liebenswerten Seiten neu und spüre vor allem, dass du geliebt wirst!

Aufgabe I:

Beantworte folgende Fragen

Was sind meine Stärken?

_____

_____

_____

_____

Was sind meine Schwächen?

_____

_____

_____

Was mag ich an mir?

_____

_____

_____

Was mag ich nicht an mir?

_____

_____

_____

_____

Aufgabe II:

Schreibe eine E-Mail an deine Familie und engsten Freunde.

Schildere darin kurz, warum du diese E-Mail schreibst, und bitte sie, dir folgende Fragen zu beantworten:

> Was sind meine Stärken?

> Warum magst du mich?

> Was macht mich besonders?

> Was macht mich in deinen Augen liebenswert?

Du wirst positiv überrascht sein, wie wichtig du anderen Menschen bist und wie sehr du geliebt wirst.

> Vergleiche die Antworten deiner Lieben nun mit deinen eigenen Sichtweisen und Gedanken.

> Drucke die E-Mails aus und bewahre sie an einem Ort auf, an dem du sie schnell zur Hand hast.

Notiere hier, was deine Familie und deine Freunde geantwortet haben:

_____

_____

_____

_____

_____

Immer wenn du denkst, dass du nicht liebenswert bist, solltest du die E-Mails durchlesen, um dir vor Augen zu führen, wie positiv dich andere Menschen sehen. Mach dir bewusst, dass **nur du** dich im Moment negativ empfindest, weil du **von diesem einen Menschen** abgelehnt wurdest, dass es aber viele andere gibt, die dich mögen und wertschätzen.

Die vier Ebenen der Selbstliebe

Robert Betz beschreibt in seinem Buch *Mich selbst lieben lernen* vier Ebenen der Selbstliebe: die physische, die emotionale, die mentale und die spirituelle. Unsere Aufgabe besteht darin, alle vier Ebenen in Einklang zu bringen und ihnen den gleichen Anteil an Aufmerksamkeit und Zuwendung zu schenken.

Was bedeutet im Einklang sein auf der jeweiligen Ebene?

Selbstliebe auf der **physischen Ebene** bedeutet, die Körperlichkeit unseres Daseins zu akzeptieren, zu erkennen, welche Freuden unser Körper uns ermöglicht und diese auch zu leben und zu genießen. Das bedeutet, dass wir auf unseren Körper und seine Bedürfnisse achten (zum Beispiel mit Sport, gesunder Ernährung, Bewegung, Entspannung, aber auch Masturbation und Sex).

Selbstliebe auf der **emotionalen Ebene** zu leben, bedeutet, seine Gefühle zuzulassen, ohne sie zu verdrängen, aber auch ohne sich von ihnen bestimmen zu lassen. Ziel ist es, unsere Emotionen zum Ausdruck zu bringen, ohne unsere Mitmenschen zu verletzen, damit wir keine Depressionen oder andere psychischen oder physischen Krankheiten durch angestaute Emotionen bekommen. Wir müssen lernen, jedes Gefühl zu bejahen, anzunehmen und zu spüren, dann erst können wir es loslassen (mehr dazu im folgenden Kapitel).

Selbstliebe auf der **mentalen Ebene** zu leben, heißt, unsere geistigen Fähigkeiten zu nutzen. Unser Gehirn und unser Verstand freuen sich darüber, wenn sie aktiviert werden. Neues zu lernen ist eines unserer Grundbedürfnisse. Unser aller Ziel sollte sein, das Denken auf spielerische Art zu trainieren, sodass unser Gehirn in Bewegung bleibt.

Selbstliebe auf der **spirituellen Ebene** zu leben, bedeutet, dass du in Verbindung mit dir selbst trittst und dein Bewusstsein erweiterst. Grundlegend geht es dabei darum, die Frage zu klären: »Wer bin ich?«. Das gelingt dir mit Meditation und einem achtsamen Leben. Zu dieser Ebene gehört es auch, die Künste unserer Zeit (Musik, Gebete, Yoga, unsere Natur, Tanz und andere Künste) bewusst zu genießen.

Sich selbst zu lieben, heißt, alle vier Ebenen zu berücksichtigen, nicht nur eine oder zwei gelegentlich zu beachten. Das ist besonders wichtig, weil diese Ebenen in einer engen Wechselwirkung stehen. Wenn es beispielsweise den feinstofflichen Ebenen (emotional, mental, spirituell) schlecht geht, dann wirkt sich das auch auf deine physische Ebene aus, sprich du wirst krank.

Das Gute daran: Wenn du aufrichtig an deiner Selbstliebe arbeitest und wirklich deinem Herzen, deinem Inneren begegnest, wird sich die Angst vor dem Alleinsein legen, denn du wirst feststellen, dass du allein genug bist.

Ziel der Übung:

Wichtig ist es herauszufinden, welche deiner vier Ebenen am meisten Zuwendung braucht, und gezielt Strategien zu erarbeiten, um diese Ebenen zu verbessern und alle vier in Einklang zu bringen.

Aufgabe:

Analysiere deine vier Ebenen der Selbstliebe und erarbeite Verbesserungsstrategien.

physische Ebene

Wie steht es um meine physische Ebene?

_____

Wo sehe ich Defizite?

_____

Was kann ich für sie tun?

_____

_____

emotionale Ebene

Wie steht es um meine emotionale Ebene?

- -

Wo sehe ich Defizite?

- -

Was kann ich für sie tun?

- -

- -

mentale Ebene

Wie steht es um meine mentale Ebene?

- -

Wo sehe ich Defizite?

- -

Was kann ich für sie tun?

- -

- -

spirituelle Ebene

Wie steht es um meine spirituelle Ebene?

- -

Wo sehe ich Defizite?

- -

Was kann ich für sie tun?

- -

- -

Umarme deinen inneren Kritiker

Wir Menschen haben oftmals schon sehr früh gelernt, dass unangenehme Gefühle in unserem Leben keinen Platz haben – oder keinen haben sollten. Bestimmt hast du als Kind auch mal Sätze gehört wie: »Heul doch nicht rum«, »Kopf hoch, da muss man nicht traurig sein« oder »Du bist so ein neidisches Kind, das musst du abstellen«.

Welche Glaubenssätze stammen noch aus deiner Kindheit?

Ziel der Übung:

Horche in dich hinein, erinnere dich an die Glaubenssätze, die aus deiner Kindheit stammen, und erkenne den Zusammenhang zu deinem heutigen Leben.

Aufgabe:

Nimm dir einen Moment Zeit und schreibe die Glaubenssätze aus deiner Kindheit auf. Welche Sätze fallen dir ein? Und wer hat sie zu dir gesagt?

Wenn wir das von unseren Eltern oder anderen Autoritätspersonen gesagt bekamen, dann war die Intention dahinter nur, dass es uns besser gehen sollte. Doch als Kind können wir diese positive Absicht nicht erkennen. Leider ist aus diesen Glaubenssätzen für die meisten von uns eine Gewohnheit entstanden: nämlich schlechte Gefühle unterdrücken zu wollen, sie wegzuschieben. Der Haken an der Sache ist allerdings: Selbst wenn du es schaffst, sie zeitweise zu unterdrücken, kommen sie zurück, und zwar so lange, bis du dich mit ihnen auseinandergesetzt hast.

»What you resist, persists« (Carl Jung), zu Deutsch heißt das nichts anderes als: Wogegen du dich wehrst, das bleibt dir erhalten. Wenn du also etwas heilen möchtest, dann musst du dich mit deinen Gefühlen auseinandersetzen, sie spüren und hinterfragen.

Benenne deine inneren Kritiker

Ziel der Übung:

Das Ziel der Meditation besteht darin, deinen inneren Kritiker zu erkennen und ihm einen Namen zu geben. Dies ist eine unglaublich kraftvolle Technik, um ihn aus einer anderen Perspektive zu sehen und positiven Gefühlen mehr Raum zu geben.

Aufgabe: Meditation*

Setze oder lege dich bequem hin und entspanne dich. Schließe deine Augen, atme tief ein und langsam, aber kraftvoll aus, sodass du positive Energie durch deine Nase in deinen Körper hineinziehst und die schlechte Energie durch deinen Mund ausstößt. Wiederhole das ein paar Mal, bis du ruhiger wirst. Bleib im Hier und Jetzt, spüre deinen Körper und entspanne dein Gesicht mit einem Lächeln.

---

* Diese Meditation stammt von der englischsprachigen App »buddhify«. Eine weitere Meditations-App, die ich dir empfehlen kann, ist »Omvana« von Mindvalley.

Im Zuge der Meditation sollst du wahrnehmen, wenn negative Gedanken und Emotionen hochkommen, um ihnen dann einen Namen zu geben.

> Wenn der Gedanke »Ich bin nicht gut genug« aufsteigt, nenne ihn Verurteilung.
> Den Gedanken »Ich mache das nicht richtig« nennst du Zweifel.
> Bildet sich der Gedanke »Warum habe ich das getan?«, dann nenne ihn Vorwurf.

Du kannst diese Namen denken, aber auch laut aussprechen. Je nachdem, was sich für dich besser anfühlt. Wenn du bereit dazu bist, dann begrüße diese Emotionen:

> »Das hätte ich nicht tun sollen.« – »Hallo, Schuldgefühl!«
> »Ich habe es nicht verdient.« – »Hallo, Missbilligung!«
> »Ich bin hässlich.« – »Hallo, falsches Selbstbild!«
> »Ich bin es nicht wert.« – »Hallo, Niedermacher!«
> »Ich habe es nicht geschafft.« – »Hallo, Enttäuschung!«
> »Das war so peinlich von mir.« – »Hallo, Scham!«

Wenn du dich bis hierher gut fühlst, dann kannst du diese Meditation auf das nächste Level heben, indem du die negativen Emotionen nicht nur benennst, sondern sie wie eine Person begrüßt.

> »Hallo, Frau Schuldgefühl!«
> »Hey, Herr Scham!«
> »Hi, Frau Zweifel, ich kenne dich doch! Wir sind alte Freunde.«

Spiele damit, deine negativen Gedanken zu benennen, zu treffen, kennenzulernen. Verschaffe dir selbst den Raum dafür und gehe so weit, wie es sich gut und richtig anfühlt. Was auch immer dir in dem Moment hilft, besser mit der Emotion umzugehen, sie für dich leichter zu machen, ist gut und wirkt befreiend.

Wenn du bereit bist, dann komm zurück in deinen Körper. Nimm dir einen Moment Zeit, atme tief ein und aus und spüre in dich hinein, was diese Meditation für dich getan hat.

Warum ist diese Technik so kraftvoll?

Diese Meditationstechnik ist unglaublich effektiv und befreiend, denn sie wendet sich an die schwierigen Bereiche unserer Gefühlswelt, die wir so unglaublich persönlich nehmen, und gibt uns die Möglichkeit, Abstand von ihnen zu nehmen. Allein durch das Benennen von etwas, wird es automatisch von uns getrennt. Denn wenn du etwas von außen, als Person, als etwas anderes sehen kannst, dann ist es nicht mehr Teil von dir. Es kann dann nicht mehr DU sein! Und genau das ist es, was uns so zu schaffen macht, wenn wir von negativen Gedanken und Gefühlen geplagt werden. Wir sehen und akzeptieren sie als Teil von uns – obwohl sie es nicht sind!
Durch das Benennen der Emotionen verlieren sie die Macht über uns und unsere Gedanken!

Du wirst, wenn du die Meditation wiederholst, vor allem auch feststellen, welche »Personen« dir immer wieder begegnen. Und das ist wichtig, denn Achtsamkeit und Erkenntnis sind der erste Schritt zu einer veränderten Denkweise und deinem neuen Ich.

Ich kann dir nur empfehlen, diese Meditationstechnik auszuprobieren und zu fühlen, was sie für dich bewirken kann. Wie bei allem, ist auch das eine Übungssache. Sei also geduldig mit dir, wenn es nicht gleich gut klappt!

Wenn du es nicht aushältst

Wenn du von deinen Emotionen übermannt wirst und dich in der Situation überfordert fühlst, dann komm zurück in deinen Körper. Du musst keine Angst davor haben, was passiert, denn du hast immer die Möglichkeit zurückzukommen.

Wenn du dir unsicher bist, kannst du auch Schritt für Schritt meditieren: Fang damit an, dass du in dich hineinhörst, was alles hochkommt. Und wenn du dich bereit fühlst, dann gehe das nächste Mal einen Schritt weiter und benenne die Gefühle, die entstehen. Und ein anderes Mal benennst du sie als Person.

Setz dich nicht unter Druck, sei dir gegenüber liebevoll und achtsam. Geh nur so weit, wie du dich wohlfühlst, aber probiere es unbedingt aus, denn es ist so eine kraftvolle Technik.

Wenn du gerade in einer Trennung lebst, dann empfehle ich dir, diese Meditation gleich morgens nach dem Aufwachen zu machen. Du wirst deinen Tag ganz anders beginnen! Und natürlich immer dann, wenn du erkennst, dass deine negativen Gedanken die Macht über dich gewinnen.

Notiere die »Personen«, die dir immer wieder in der Meditation begegnen, und versuche herauszufinden, woher sie kommen.

> _ _ _ _ _ _ _ _ _

> _ _ _ _ _ _ _ _ _

> _ _ _ _ _ _ _ _ _

> _ _ _ _ _ _ _ _ _

> _ _ _ _ _ _ _ _ _

> _ _ _ _ _ _ _ _ _

> _ _ _ _ _ _ _ _ _

> _ _ _ _ _ _ _ _ _

> _ _ _ _ _ _ _ _ _

Die Macht unserer Gedanken

Die meisten Menschen sind sich nicht wirklich der Macht ihrer Gedanken bewusst. Aber gerade bei Liebeskummer (und jeder anderen Ausnahmesituation in deinem Leben) musst du genau hier ansetzen. Warum? Unsere Gedanken erzeugen unsere Gefühle, unsere Gefühle wiederum unsere Handlungen und unsere Handlungen führen zu einem Resultat. Dieses Resultat ist unser tägliches Leben. Wenn du also dein Leben verändern möchtest, dann musst du damit anfangen, deine Gedanken zu verändern. Und genau das tun wir mit den folgenden Übungen.

Ziel ist es zu erkennen und zu verstehen, dass wir unser Leben mit unseren Gedanken und unserer Geisteshaltung selbst erschaffen. Nur dann gelingt es uns, Verantwortung für uns und unser Leben zu übernehmen und aus der Opferrolle herauszutreten. Wir haben also die Wahl, wie wir uns fühlen wollen. Das bedarf einiger Übung, aber wenn du dich mit deinem Innersten auseinandersetzt und achtsam bist, dann wird es dir gelingen und es wird dein Leben verändern.

Als einfachen Test, um nachvollziehen zu können, was ich meine, kannst du zunächst an ein Problem denken und dann an etwas, das dir Freude bereitet. Wie fühlst du dich, wenn du an das Problem denkst? Und wie, wenn du an etwas Positives denkst? Der Merksatz, der dir aus diesem Kapitel in Erinnerung bleiben sollte, heißt:

Kontrolliere deine Gedanken, sonst kontrollieren sie dich.

Was denkst du in deinem tiefsten Inneren über dich?

Um deine Gedanken in den Griff zu bekommen, musst du nun zunächst hören, was dir deine innere Stimme zuflüstert. Diese Stimme ist dein Unterbewusstsein, dein verängstigtes und verletztes inneres Kind, das deine Gedanken und damit deine Handlungen zu 95 Prozent steuert. Diese unterbewussten Gedanken nennen wir Glaubenssätze und sie sind nichts anderes als Sätze, die wir glauben. Sie stammen aus unseren frühkindlichen Erfahrungen und sind dafür verantwortlich, dass wir uns und andere verurteilen – nahezu immer, für fast alles.

Ziel der Übung:
Herauszufinden, was deine innere Stimme dir sagt.

Aufgabe:
Ergänze folgende Sätze durch das, was dir in den Sinn kommt. Je mehr, desto besser. Wenn dir die folgenden Seiten nicht reichen, dann schreibe auf einem Blatt Papier weiter. Bewahre deine Erkenntnisse gut auf, denn du brauchst sie bei den kommenden Übungen.

Ich muss ...

Ich sollte ...

Ich brauche ...

Ich werde nie ...

Ewige Liebe ...

Der perfekte Partner ...

Meine romantischen Beziehungen sind immer ...

Meine romantischen Beziehungen sind nie ...

Negative Glaubenssätze auflösen

Einen wichtigen Schritt hast du in der letzten Übung bereits gemacht: Du hast dich bewusst mit deinen Gedanken beschäftigt und deine limitierenden Glaubenssätze herausgearbeitet. Diese werden wir jetzt hinterfragen und durch neue, positive und unterstützende Glaubenssätze ersetzen.

Ist das wahr?

Das Problem an unseren Glaubenssätzen ist, dass wir sie in früher Kindheit erlernen, sie oftmals in unserer Schulzeit bewiesen und dadurch intensiviert werden und wir als junge Erwachsene nie wieder darüber nachdenken, ob sie tatsächlich wahr sind.

Und hier setzt die Arbeit von Byron Katie an. Sie hat mit ihrem Buch *Lieben was ist. Wie vier Fragen Ihr Leben verändern können* eine fundamentale Grundlage dafür geschaffen, unsere Welt und unsere eigene Wahrnehmung zu hinterfragen. In dieser Übung möchte ich dir ihre vier grundlegenden Fragen vorstellen.

1. Ist das wahr?
2. Kann ich mit absoluter Sicherheit sagen, dass das wahr ist?
3. Wie reagiere ich, was passiert, wenn ich den Gedanken glaube?
4. Wer wäre ich ohne den Gedanken?

Ziel der Übung:
Bewusstes Hinterfragen deiner verinnerlichten Glaubenssätze.

Aufgabe:
Halte auf der folgenden Seite die vier Glaubenssätze fest, die dich deiner Meinung nach am meisten daran hindern, glücklich zu sein. Dann beantwortest du dazu die vier gerade genannten Fragen.

Wenn du noch mehr Glaubenssätze notieren möchtest, kannst du wieder ein separates Blatt verwenden. Achte genau darauf, wie du dich fühlst, wenn du dich mit deinen limitierenden Glaubenssätzen auseinandersetzt.

Mein Glaubenssatz 1 lautet:

_ _

1. Ist das wahr?

_ _

2. Kann ich mit absoluter Sicherheit sagen, dass das wahr ist?

_ _

3. Wie reagiere ich, was passiert, wenn ich den Gedanken glaube?

_ _

4. Wer wäre ich ohne den Gedanken?

_ _

Mein Glaubenssatz 2 lautet:

_ _

1. Ist das wahr?

_ _

2. Kann ich mit absoluter Sicherheit sagen, dass das wahr ist?

_ _

3. Wie reagiere ich, was passiert, wenn ich den Gedanken glaube?

_ _

4. Wer wäre ich ohne den Gedanken?

_ _

Mein Glaubenssatz 3 lautet:

_ _

1. Ist das wahr?

_ _

2. Kann ich mit absoluter Sicherheit sagen, dass das wahr ist?

_ _

3. Wie reagiere ich, was passiert, wenn ich den Gedanken glaube?

_ _

4. Wer wäre ich ohne den Gedanken?

_ _

Mein Glaubenssatz 4 lautet:

_ _

1. Ist das wahr?

_ _

2. Kann ich mit absoluter Sicherheit sagen, dass das wahr ist?

_ _

3. Wie reagiere ich, was passiert, wenn ich den Gedanken glaube?

_ _

4. Wer wäre ich ohne den Gedanken?

_ _

Was willst du glauben?

Das Wundervolle an unserem Unterbewusstsein ist, dass wir es neu programmieren können, das heißt wir können es einfach mit unserer neuen Wahrheit – also neuen, positiven Glaubenssätzen – füttern und es trainieren, fortan das zu glauben, was du ihm bewusst beigebracht hast.

Ziel der Übung:
Herausfinden was du von dir und deiner Umwelt eigentlich glauben möchtest.

Aufgabe:
Schau dir noch einmal die Glaubenssätze an, die du in der vorhergehenden Übung hinterfragt hast und überlege dir, durch welche Glaubenssätze du sie ersetzen möchtest.

Mein neuer, positiver Glaubenssatz lautet:

_____

_____

Mein neuer, positiver Glaubenssatz lautet:

_____

_____

Mein neuer, positiver Glaubenssatz lautet:

_____

_____

Mein neuer, positiver Glaubenssatz lautet:

_____

_____

Affirmationen und Afformationen

Affirmationen und Afformationen sind sehr wirkungsvolle Methoden, um limitierende Glaubenssätze umzuprogrammieren und somit dein Denken und Handeln dauerhaft zum Positiven zu verändern.

Eine Affirmation ist eine bejahende Aussage, die dazu dient, deine Denkstrukturen auf lange Sicht zu verändern. Eine Afformation ist eine Affirmation in Frageform. Sie ist sehr kraftvoll, weil dein Gehirn darauf ausgerichtet ist, die Fragen, die du dir stellst, auch zu beantworten. Das Problem ist in den meisten Fällen jedoch, dass wir uns die falschen Fragen stellen.

Beispiel für eine Affirmation: Ich bin schön.
Beispiel für eine Afformation: Warum bin ich schön?

Wenn du dir diese Frage stellst, wirst du automatisch nach Antworten suchen. Probiere es aus, auch mit anderen Fragen.

In der Regel dauert es wie bereits gesagt 21 Tage, bis eine Handlung zur Gewohnheit wird. Wenn du mit Affirmationen zu arbeiten beginnst, wird deine innere Stimme zunächst sehr laut rufen: »So ein Quatsch, was redest du dir da ein?« Das ist ganz normal. Denk daran: Dein Gehirn ist auf deine Sicherheit bedacht. Deine Glaubenssätze zu bearbeiten, heißt aber, dass sich etwas verändert. Und Veränderung erzeugt Unsicherheit und damit Angst.

Ziel der Übung:
Du arbeitest daran, deine Glaubenssätze umzuprogrammieren.

Aufgabe I:

Nimm dir deine neuen, unterstützenden Glaubenssätze aus der vorangegangenen Übung und formuliere sie als Affirmation.

Notiere hier deine Affirmationen:

Aufgabe II:

Nun formulierst du aus den neuen, unterstützenden Glaubenssätzen Afformationen.

Notiere hier deine Afformationen:

Am besten du schreibst deine Affirmationen und Afformationen nicht nur in dieses Buch, sondern auch auf kleine Klebezettel und verteilst sie in deiner Wohnung, sodass du sie jeden Tag siehst.

Wende beide Techniken für mindestens 21 Tage an und versuche, deine neuen Glaubenssätze mit positiven Erfahrungen zu untermauen, sodass sie sich leichter in deinem Unterbewusstsein einprägen.

Meditation

Um dich selbst auf einer noch tieferen Ebene kennenzulernen, herauszufinden, wer du bist, was du brauchst und was du möchtest, musst du den Blick auf dein Inneres lenken. Das gelingt dir mit Meditation. Das Wort Meditation kommt vom Lateinischen *meditari* und bedeutet »überlegen«, »nachdenken«.

Meditation ist der Königsweg, um dein Bewusstsein zu erweitern und zu stärken. Und wenn du dein Selbstbewusstsein (wieder) aufbauen möchtest, dann solltest du dir deiner bewusst sein.

Es gibt noch einen weiteren Grund, warum du Meditation in deinen Alltag integrieren solltest. Wissenschaftliche Studien haben belegt, dass die Amygdala, also dein Emotionszentrum im Gehirn, das für deine Angst zuständig ist, schrumpft, wenn man acht Wochen lang täglich meditiert. Und der präfrontale Kortex, der für dein Bewusstsein, deine Konzentration und deine Entscheidungsfähigkeit zuständig ist, wächst.

Aber wie geht Meditation?

Viele Menschen halten Meditation für kompliziert und wissen nicht, wie sie anfangen sollen. Dabei geht es einfach nur darum, allein in der Stille zu sein, die Augen zu schließen und bewusst darauf zu achten, welche Gedanken dir durch den Kopf gehen. Es gibt ganz wunderbare Apps, die dich dabei unterstützen können, zum Beispiel buddhify oder Omvana.

Ziel der Übung:

Meditieren hilft dabei, dein Bewusstsein zu erweitern und Stress abzubauen.

Aufgabe:

Setze dich mit dem Thema Meditation auseinander, lade eine App herunter und probiere es einfach aus. Lass dich wirklich darauf ein. Beginne zunächst mit zwei Minuten, erhöhe dann auf fünf Minuten und steigere dich so, wie es sich gut für dich anfühlt.

Ein Liebesbrief an dich selbst

Wenn du alle Übungen gemacht hast, dann hast du jetzt ein anderes, klareres und vor allem positiveres Bild von dir selbst. Deshalb möchte ich nun, dass du dir einen Liebesbrief schreibst. Ja, dir selbst!

Ziel der Übung:

Du sollst deine neu entdeckten, liebenswerten Eigenschaften bestärken und erkennen, was du einem Partner in einer Beziehung geben kannst und wie wertvoll du bist.

Aufgabe:

Schreibe einen Liebesbrief an dich selbst. Formuliere den Brief so, als käme er von deinem zukünftigen Traumpartner. Hebe alles hervor, was dich für einen Partner einzigartig macht und worauf du besonders stolz bist. Dabei können dich folgende Fragen vielleicht inspirieren:

> Was schätzt der Partner an dir?
> Wie soll er dich sehen?
> Wofür liebt er dich ganz besonders?

Vielleicht ertönt beim Schreiben deine innere Stimme und ruft:

> »Das würde nie jemand zu mir sagen.«
> »Das wäre zu schön, um wahr zu sein.«
> »Keiner wird mich jemals so lieben.«

Das ist normal, weil du noch in der »Umgewöhnungsphase« deines Denkens bist. Wenn die Stimme auftaucht, dann fange nicht an, mit ihr zu diskutieren, sondern sag ihr einfach (gerne auch laut): »Danke für deinen Beitrag, ich habe dich wahrgenommen.« Und dann lass den Gedanken, den sie geäußert hat, ziehen und kehre zu deinem Liebesbrief zurück.

Mein Liebesbrief an mich

Verzeihen und endlich loslassen

Wenn ich meinen Klientinnen erzähle, dass ich meinem Ex-Partner verziehen habe, der mich nach zehn Jahren Beziehung innerhalb von nur vier Wochen ersetzt hat, und auch seiner Partnerin, die sich in unsere Beziehung gedrängt hat, dann bekomme ich häufig die gleiche Reaktion, nämlich: »Wie hast du das geschafft? Ich könnte das nicht.«

Diese Reaktion entspringt einem Denkfehler. Viele meinen, dass Verzeihen bedeutet, alles zu vergessen und so zu tun, als wäre nichts passiert. Doch eigentlich geht es darum zu akzeptieren, was passiert ist.

Verzeihen ist nichts anderes, als zu akzeptieren,
dass wir die Vergangenheit nicht verändern können.

Wir haben immer die Wahl: Entweder wir leben in der Vergangenheit und zerbrechen uns den Kopf über etwas, das wir nicht mehr ändern können. So erzeugen wir negative Gefühle und trüben unser Dasein in der Gegenwart. Oder wir akzeptieren, dass das Einzige, das wir tatsächlich positiv beeinflussen können, unsere Gegenwart und unsere Zukunft ist.

Aufgabe:

Überlege dir, welche Dinge aus der Vergangenheit dich beschäftigen, obwohl du sie nicht mehr ändern kannst.

Ziel der Übung:

Deine Gedanken endlich loslassen und somit nicht mehr von ihnen negativ beeinflusst zu werden.

Verzeihen ist ein Prozess. Erwarte also nicht, dass du es von heute auf morgen umsetzen kannst. Ich weiß auch, dass es nicht einfach ist, aber vielleicht hilft dir der Gedanke, dass du nicht deinem Ex-Partner zuliebe verzeihst, sondern allein deinetwegen. Um dir die Chance zu geben, dein Leben zu leben und wieder glücklich zu werden. Denn deinem Ex zu verzeihen oder nicht zu verzeihen, wird sein Leben nicht verändern, nur deines.

Schreibe auf, was du bereit bist, zu verzeihen:

4.

Ein neues Lebenskonzept entwerfen

Willkommen in dem Kapitel, das dir die meiste Freude bereiten wird! Wenn du hier angekommen bist, dann hast du deinen Liebeskummer schon ein großes Stück verarbeitet, du hast dich selbst neu kennengelernt und wieder Selbstbewusstsein aufgebaut. Am Ende dieses Kapitels wirst du dann auch ein neues Lebenskonzept vor dir haben – doch was genau bedeutet das? Damit ist nicht gemeint, dass du dein gesamtes Leben über den Haufen werfen musst – aber du kannst es, wenn du es willst. Du sollst einfach deine Lebensweise hinterfragen und herausfinden, was dich glücklich macht.

Ich habe Klientinnen, die tatsächlich ihr gesamtes Leben vollkommen umgestellt haben: neue Arbeit, neuer Wohnort, neue Hobbys. Andere schreiben ein Buch, machen eine Weltreise oder gestalten ihre Wohnung neu. Wichtig ist, dass du **deinen** Weg findest, dabei gibt es kein richtig oder falsch. Es muss sich nur für dich gut und stimmig anfühlen.

Was möchtest du?

Um herauszufinden, wie dein neues Lebenskonzept aussehen soll, kannst du folgende Fragen beantworten, die auf drei Ebenen basieren:

1. **SEIN**: Wer bin ich und was ist mir wichtig? Was macht mich glücklich?
2. **TUN**: Was muss ich tun, um das zu leben?
3. **HABEN**: Was sind die Ergebnisse, die ich mir davon erhoffe?

Ich arbeite mit diesen drei Ebenen, weil du damit tief greifendere Wünsche herausarbeiten kannst als lediglich mit der Frage »Was möchtest du?«.

Hier ein Beispiel zum besseren Verständnis:

1. **SEIN**: Ich bin ein sozialer Mensch und unterstütze andere gerne. Es macht mir Spaß, anderen Menschen zu helfen.

2. **TUN**: Ich könnte in einem Tierheim oder bei gemeinnützigen Organisationen anfragen, ob sie Unterstützung brauchen.

3. **HABEN**: Ich kann mich einbringen, anderen eine Freude machen, und das würde mir ein Gefühl der Zufriedenheit und inneren Ruhe geben.

Das ist natürlich nur eines von unzähligen Beispielen. Schreibe am besten gleich mehrere Ziele auf und priorisiere sie dann!

Du kannst auch den umgekehrten Weg gehen und dich erst fragen, was das Ergebnis sein soll, das du dir wünschst, und dann überlegen, wie du dorthin kommst. Schließlich kannst du mit der ersten Ebene überprüfen, ob dieser Wunsch zu deinen Wertvorstellungen passt.

Wenn du herausgefunden hast, wofür du brennst und was du am liebsten tun möchtest, dann unternimm gleich *heute* die ersten Schritte! Tätige einen Anruf, recherchiere im Internet, informiere dich über Lösungen und Wege. Der größte Wunsch bringt dir nichts, wenn du nichts dafür tust. Und *jetzt* ist genau der richtige Zeitpunkt dafür!

Ziel der Übung:

Finde heraus, was du möchtest und welche Ziele du hast.

Aufgabe:

Schreibe wie in dem oben genannten Bespiel alles auf, was dir an Möglichkeiten einfällt (wenn der Platz im Buch nicht reicht, nimm ein Blatt Papier
dazu), und setze Prioritäten. Für deine beiden wichtigsten Ziele unternimmst
du heute die ersten Schritte.

1. SEIN: _ _ _ _ _ _ _ _ _ _ _ _ _ _ _ _

2. TUN: _ _ _ _ _ _ _ _ _ _ _ _ _ _ _ _

3. HABEN: _ _ _ _ _ _ _ _ _ _ _ _ _ _ _ _

1. SEIN: _ _ _ _ _ _ _ _ _ _ _ _ _ _ _ _

2. TUN: _ _ _ _ _ _ _ _ _ _ _ _ _ _ _ _

3. HABEN: _ _ _ _ _ _ _ _ _ _ _ _ _ _ _ _

1. SEIN: _ _ _ _ _ _ _ _ _ _ _ _ _ _ _ _

2. TUN: _ _ _ _ _ _ _ _ _ _ _ _ _ _ _ _

3. HABEN: _ _ _ _ _ _ _ _ _ _ _ _ _ _ _ _

Wie erreichst du deine Ziele?

Du hast nun eine Liste mit Wünschen und Dingen vor dir, die du dir gerne erfüllen möchtest. Nun ist es wichtig, deine Wunschliste nicht aus den Augen zu verlieren. Ein Vision Board (auch Traumcollage genannt) ist ein wirkungsvolles und mächtiges Instrument, um dir deiner Lebensziele bewusst zu werden, dich auf sie zu fokussieren und entsprechende Emotionen zu erzeugen, damit du deine Visionen auch in dein Leben ziehen kannst. Um ein Vision Board zu erstellen, brauchst du ein großes Blatt Papier, eine Pinnwand oder Ähnliches. Darauf kannst du dann Bilder, Zettel und alles Mögliche befestigen und so deine ganz persönliche Collage erstellen.

Ziel der Übung:

Du sollst dir deiner Wünsche und Träume bewusst werden, sie mittels eines Vision Boards festhalten, sie mit den entsprechenden Emotionen verknüpfen und mit den notwendigen ersten Schritten sukzessive in dein Leben bringen.

Aufgabe I:

> Konzentriere dich auf die beiden wichtigsten Ziele, die du in der vorhergehenden Übung definiert hast.

> Suche dir im Internet und/oder in Zeitschriften Bilder, Gedichte, Texte, Zitate usw., die genau das ausdrücken, was du dir wünschst.

> Erstelle ein Vision Board und platziere es an einem Ort, an dem du es täglich siehst. Ich empfehle dir einen Ort, an dem genug Platz vorhanden ist, denn – glaub mir – deine Collage wird ständig wachsen.

> Sieh dir die Bilder oder Texte an und stell dir vor, du hättest dein Ziel schon erreicht. Wenn du dir einen liebevollen Partner wünschst, der gerne Yoga macht, dann suche ein Bild von einem Paar bei der Yogastunde und versuche, die emotionale Situation zu spüren. Wie würdest du dich dabei fühlen? Was würde euch verbinden? Was würde das für eure Beziehung bedeuten (zum Beispiel tiefe, spirituelle Verbundenheit)?

Nimm dir jeden Tag Zeit, um dein Vision Board ausgiebig zu betrachten und die **Emotionen** zu fühlen. Vielleicht kennst du den Film *The Secret,*[*] der beschreibt, dass aufgrund des Gesetzes der Anziehung jemand nur an seinen Wunsch denken muss, damit er sich auch erfüllt. Meines Erachtens wurde hier ein kleines, aber sehr wichtiges Detail vergessen: **Du musst ins Handeln kommen.** Keiner deiner Wünsche wird in Erfüllung gehen, wenn du auf der Couch sitzt und dein Vision Board nur anschaust.

Überlege dir also **konkrete erste Schritte** und fang an. Wenn du etappenweise vorangehst, wirst du dein Ziel am ehesten erreichen.

Aufgabe II:

Um deine Wünsche zu konkretisieren, ist es sinnvoll, sie zeitlich festzulegen und dann in einzelne Schritte aufzuteilen.

Hier ein Beispiel:

Ziel: Ich möchte in 18 Monaten mein eigenes Buch auf den Markt bringen.

Folgendes muss ich zuvor erledigen:

1. Ein Thema überlegen und ein Exposé schreiben.

2. Verlage recherchieren, anschreiben und mein Exposé verschicken.

3. Recherchieren und lesen.

4. Eine grobe Gliederung erstellen.

5. Kapitel 1 bis xx schreiben.

6. Kapitel xx bis xy schreiben.

Wenn du dir einen Zeitrahmen für die einzelnen Schritte setzt, kommst du deinem Ziel sukzessive näher. Und das vor allem ohne Stress, denn diese Übersicht gibt dir die Struktur, die du brauchst, um deine Aufgabe zu bewältigen und nicht vor dem »großen Berg« zu verzweifeln.

Konzentriere dich jetzt auf deine zwei wichtigsten Ziele und erstelle nach diesem Prinzip einen Rahmen für dein Vorgehen.

---

[*] *Das Geheimnis*, ein Film von Rhonda Byrne aus dem Jahr 2007.

Mein erstes Ziel:

_ _

_ _

Wann will ich es erreicht haben?

_ _

_ _

Welche konkreten Schritte muss ich unternehmen?

_ _

_ _

Mein zweites Ziel:

_ _

_ _

Wann will ich es erreicht haben?

_ _

_ _

Welche konkreten Schritte muss ich unternehmen?

_ _

_ _

Belohne dich!

Da du dich nun durch das ganze Buch gearbeitet und begonnen hast, dein Leben zu verändern, ist es an der Zeit, dich zu belohnen, und zwar nicht nur einmal, sondern regelmäßig.

Wann hast du das letzte Mal etwas nur für dich getan? Etwas, das dich glücklich macht? Jetzt ist der Moment dazu!

Ziel der Übung:

Konzentriere dich nur auf dich selbst und deine persönlichen Glücksmomente und erkenne, wie wichtig diese Momente sind – auch wenn du wieder in einer Beziehung sein wirst.

Wenn du es schaffst, deine eigenen Wohlfühlmomente zu erschaffen und zu erhalten, dann wirst du immer bei dir bleiben und dich nicht nur von einem Partner abhängig machen.

Aufgabe:

Überlege dir, was du dir Gutes tun könntest und was dich glücklich machen würde. Das können größere Dinge sein, aber auch kleine Momente, die zum Wohlfühlen beitragen. Hier ein paar Anregungen dazu:

> Welche Hobbys interessieren dich schon lange?
> Was hilft dir, zu entspannen und dich rundum zufrieden zu fühlen? (zum Beispiel ein Bad mit einem schönen Badeöl, gute Musik bei Kerzenschein, Zeit für ein schönes Buch oder ein Spaziergang durch die Natur)
> Was wolltest du schon immer mal lernen?
> Wohin würdest du gerne reisen?
> Gibt es etwas Verrücktes, das du schon immer tun wolltest?

Nimm dir Zeit und schreibe
eine Liste mit allem,
was dir Freude bereitet

Deine nächste Beziehung

Alles, was uns in unserem Leben passiert, geschieht aus einem bestimmten Grund. Jedes Erlebnis und jeder Mensch, den wir treffen, hat die Aufgabe, uns etwas zu lehren – und zwar so lange, bis wir gelernt und etwas verändert haben. »Warum passiert das immer mir?« »Warum ziehe ich immer wieder den gleichen Typ Mann an?« »Warum kann ich nicht ein einziges Mal Glück haben mit den Männern?« Solche Sätze höre ich sehr oft. Und ich kann dir sagen, woran es liegt, dass du immer wieder in ähnliche Situationen gerätst:

1. Du kennst dein Beziehungsmuster nicht.
2. Du kennst deine Bedürfnisse nicht.
3. Du hast nicht aus deinen Beziehungen und Trennungen gelernt.

Eines darfst du nicht vergessen: Die gleiche Aktion bringt immer auch die gleiche Reaktion hervor. Wenn du also ständig gleich vorgehst und nichts an deinem Verhalten veränderst, dann wirst du auch stets das gleiche Ergebnis erzielen – also den gleichen Typ Mann anziehen.

Ziel der Übung:

Erkenne dein Beziehungsmuster und verstehe, was du aus deinen Erfahrungen lernen kannst.

Aufgabe:

Denke an deine drei letzten Ex-Partner und vergleiche sie, eure Beziehung und eure Trennung. Beantworte dazu folgende Fragen:

> Was hatten sie gemeinsam?
> Worin haben sie sich unterschieden?
> Welches Muster kann ich daraus ableiten?
> Was kann ich daraus lernen?

Denke gut nach und nimm dir Zeit für diese Übung, denn sie ist eine wichtige Grundlage für die nächste.

Was hatten meine Ex-Partner gemeinsam?

_____

_____

_____

_____

Worin haben sie sich unterschieden?

_____

_____

_____

_____

Welches Muster kann ich daraus ableiten?

_____

_____

_____

_____

Was kann ich daraus lernen?

_____

_____

_____

_____

Welchen Partner suchst du?

Du musst wissen, was du willst, oder du bekommst, was andere nicht wollen.

Ich erlebe es oft, dass Menschen mir ihren perfekten Partner beschreiben, und wenn ich dann nachfrage, ob sie zum Beispiel selbst so sportlich und gesundheitsbewusst, beruflich erfolgreich oder einfühlsam sind, wie sie es sich von ihrem Lebenspartner wünschen, dann ernte ich fragende Blicke. Aber genau das ist ein wichtiger Punkt.

Der einfachste Weg, um deinen idealen Partner zu finden, ist es, genau der Partner zu werden, den du dir wünschst. Wenn du also Erwartungen hast, die du selbst nicht erfüllen kannst, dann hast du zwei Möglichkeiten: Entweder du eignest dir diese Eigenschaft an oder du schraubst deine Ansprüche zurück. Damit meine ich nicht, dass du allgemein deine Erwartungen heruntersetzen sollst, aber wenn du selbst stark übergewichtig bist und Sport ablehnst, kannst du nicht erwarten, dass ein durchtrainierter Adonis, dem Sport wichtig ist, dich sexy findet.

Ziel der Übung:
Definiere die Erwartungen, die du an deinen idealen Partner hast und verknüpfe sie mit Emotionen, sodass du ein klares Bild hast, wonach du eigentlich suchst.

Aufgabe:
Das Konzept, das ich dir vorstelle, ist von Julie-Anne Shapiro entwickelt worden. Einer Frau, der ich bei dem Spirit Festival auf Bali im Jahr 2015 begegnet bin und die Menschen dabei hilft, ihren Traumpartner zu finden. Durch die Beantwortung der folgenden Fragen bekommst du eine genauere Vorstellung von deinem Partner, damit du nicht bei Oberflächlichkeiten hängen bleibst.

Wichtig ist auch hier wieder, dass du die Fragen so detailliert wie möglich beantwortest und dabei die **Emotionen erzeugst**, als wäre er schon Teil deines Lebens.

> Schreibe folgenden Satz auf: »Mein idealer Partner ist ein Mann/ eine Frau, der/die ...« (Liste mit Charaktereigenschaften, Hobbys, Arbeit, etc.) Notiere alles, was dir wichtig ist.
> Welche Erfahrungen möchtest du mit deinem Partner machen? (z. B. Urlaube)
> Was möchtest du mit deinem Partner erschaffen? (z. B. Haus, Familie)
> Was möchtest du deinem Partner vermitteln bzw. mit ihm teilen? (z. B. deine Weltanschauung)
> Was möchtest du deinem Partner geben? (z. B. deine Fürsorge)

Mein idealer Partner ist ein Mann/eine Frau, der/die ...

- -

- -

- -

Welche Erfahrungen möchte ich mit meinem Partner machen?

- -

- -

- -

Was möchte ich mit meinem Partner erschaffen?

_____

_____

_____

Was möchte ich meinem Partner vermitteln bzw. mit ihm teilen?

_____

_____

_____

Was möchte ich meinem Partner geben?

_____

_____

_____

Ein Wort zu deiner Intuition

Wir Frauen haben ein wertvolles Geschenk von der Natur bekommen: unsere Intuition, unser Bauchgefühl. Unsere inneren Alarmglocken fangen an zu läuten, wenn wir unterbewusst wahrnehmen, dass etwas nicht stimmt oder etwas nicht gut ist für uns.

Dein wahres Wissen kommt von Herzen und deine Intuition vermittelt dir diese Wahrheit. Und ich möchte dir ans Herz legen, auf sie zu hören.

Du kennst das bestimmt: Du bist in einer Situation, hast ein komisches Bauchgefühl und deine innere Stimme schreit förmlich: »Nein, tu das nicht! Das tut dir nicht gut!« Du aber ignorierst sie, wohlwissend, dass das Konsequenzen haben wird, die dir in dem Moment aber egal sind.

Wenn du das tust, bist du für deinen Liebeskummer selbst verantwortlich, denn deine innere Stimme verrät dir sehr genau, dass ein bestimmter Mensch nicht der richtige für dich ist. Es kostet vielleicht Mut, auf deine Intuition zu hören, aber es wird sich auszahlen und dir viel Kummer ersparen.

Dein Bauchgefühl ist ein großes Geschenk und dient dazu, dich zu warnen und zu schützen, nicht dir etwas zu verbieten. Sei mutig, höre auf deine innere Stimme und stehe zu dir!

Sei stolz auf dich!

Wenn du hier angekommen bist, dann hast du eine Reise hinter dir, die mit Sicherheit schmerzhaft, aber auch aufregend war. Ich weiß ganz genau, wie anstrengend es ist, so intensiv an sich zu arbeiten. Nimm dir daher einen Moment Zeit, gehe in dich und erkenne wirklich an, was **du** geleistet hast. Du hast allen Grund, stolz auf dich zu sein!

Wenn du möchtest, dann freue ich mich sehr, wenn du deine Geschichte, deine Erlebnisse und deine Gedanken mit mir teilst und mir eine E-Mail an heiledeinherz@frompaintopower.de schreibst.

Und wenn du gerne vier Coaching-Videos mit noch tieferen Einblicken von mir geschenkt bekommen möchtest, dann melde dich an unter: www.frompaintopower.de/newsletter.

Danke für dein Vertrauen!

Über die Autorin

Simone Sauter studierte Diplom-Germanistik mit Schwerpunkt Journalistik und aufbauend Public Relations und Social Media. Sie hat in ihrer letzten Anstellung mehrere Jahre für eine internationale Online-Dating-Seite gearbeitet, was sie wenig erfüllte. Heute ist sie als Love & Life Coach tätig und hilft Frauen dabei, den Schmerz ihres Liebeskummers in kraftvolle Energie zu transformieren, die Frau zu werden, die sie wirklich sind, und sich auf dieser Basis ein neues und glückliches Leben zu erschaffen.

Sie gründete ihre Online-Praxis *From Pain To Power* aufgrund ihrer persönlichen Erfahrungen, denn ihr Partner hat sie nach über zehn Jahren Beziehung von heute auf morgen verlassen und binnen vier Wochen durch eine andere Frau ersetzt.

Nachdem ihr Heilungsprozess über zwei Jahre dauerte und sowohl Besuche bei einem Therapeuten, einem Coach als auch zahlreiche Bücher und Weiterbildungen im Bereich Psychologie und Persönlichkeitsentwicklung umfasste, hat sie sich im August 2014 dazu entschlossen, ein umfassendes Angebot für Frauen zu erschaffen und diese dabei zu unterstützen, ihr Herz zu heilen.

Ihre Angebote drehen sich um Liebeskummer, Selbstliebe und die Kunst, sich ein glückliches Leben auch ohne Partner aufzubauen, um somit den richtigen Partner in sein Leben zu ziehen.

Simone Sauter schreibt einen Blog, veranstaltet Webinare und Online-Workshops sowie private Coachings. Sie verfasst E-Books und bietet Online-Programme wie beispielsweise Videokurse, aber auch Gruppen-Coaching-Programme über mehrere Wochen an. Mehr Informationen dazu findest du auf: www.frompaintopower.de.

Literaturverzeichnis & Buchempfehlungen

Anderson, Susan (2014): *The Journey from Abandonment to Healing. Surviving Through and Recovering from the Five Stages That Accompany the Loss of Love*

Betz, Robert (2006): *Mich selbst lieben lernen. Selbstwertschätzung und Selbstliebe als Grundlage glücklichen Lebens*

Branden, Nathaniel (2011): *Die 6 Säulen des Selbstwertgefühls: Erfolgreich und zufrieden durch ein starkes Selbst*

Byrne, Rhonda (2007): *The Secret. Das Geheimnis*

Cameron, Julia (2009): *Der Weg des Künstlers. Ein spiritueller Pfad zur Aktivierung unserer Kreativität*

Dispenza, Joe (2012): *Ein neues Ich. Wie Sie Ihre gewohnte Persönlichkeit in vier Wochen wandeln können*

Duhigg, Charles (2013): *Die Macht der Gewohnheit. Warum wir tun, was wir tun*

Fisher, Helen (2007): *Warum wir lieben ... und wie wir besser lieben können*

Franckh, Pierre (2008): *Das Gesetz der Resonanz*

Hay, Louise (2009): *Liebe statt Angst. Das Buch der heilenden Gedanken*

Hendricks, Gay (2010): *Lebe dein Leben, bevor es andere für dich tun. Mehr wagen und über sich selbst hinauswachsen*

Kasl, Charlotte (2010): *If the Buddha Dated: A Handbook for Finding Love on a Spiritual Path*

Katie, Byron (2002): *Lieben was ist. Wie vier Fragen Ihr Leben verändern können*

Kondo, Marie (2013): *Wie richtiges Aufräumen Ihr Leben verändert*

Lakhiani, Vishen (2016): *The Code Of The Extraordinary Mind*

Levine, Amir; Heller, Rachel (2015): *Warum wir uns immer in den Falschen verlieben: Beziehungstypen und ihre Bedeutung für unsere Partnerschaft*

Lewis, Thomas; Amini, Fari; Lannon, Richard (2000): *A General Theory of Love*

Lindau, Veit (2013): *Heirate dich selbst: Wie radikale Selbstliebe unser Leben revolutioniert*

Lipton, Bruce (2013): *Der Honeymoon-Effekt: Liebe geht durch die Zellen*

Merkle, Rolf (2001): *So gewinnen Sie mehr Selbstvertrauen. Ein praktischer Ratgeber zur Überwindung von Minderwertigkeitsgefühlen*

Nydahl, Ole (2004): *Wie die Dinge sind. Eine zeitgemäße Einführung in die Lehre Buddhas*

Rosenberg, Marshall B. (2007): *Gewaltfreie Kommunikation. Eine Sprache des Lebens*

Thich Nhat Hanh (2014): *Achtsam sprechen – achtsam zuhören: Die Kunst der bewussten Kommunikation*

Thich Nhat Hanh (2011): *Versöhnung mit dem inneren Kind: Von der heilenden Kraft der Achtsamkeit*

Thich Nhat Hanh (2010): *Liebe heißt, mit wachem Herzen leben*

Winnewisser, Sylvia (2010): *Einfach die Seele frei schreiben. Wie sich therapeutisches Schreiben auf die Psyche auswirkt*

Wolf, Doris (2008): *Wenn der Partner geht. Wege zur Bewältigung von Trennung und Scheidung*